追悼奇譚
禊萩

加藤 一

編著

神沼三平太

ねこや堂

鈴堂雲雀

共著

竹書房

怪談

文庫

※本書に登場する人物名は、様々な事情を考慮してすべて仮名にしてあります。また、作中に登場する体験者の記憶と体験当時の世相を鑑み、極力当時の様相を再現するよう心がけています。現代においては若干耳慣れない言葉・表記が登場する場合がありますが、これらは差別・侮蔑を意図する考えに基づくものではありません。

式辞

加藤一

本書は読む法事である。読む通夜であり、読む葬儀である。

「変なものを見た、聞いた、体験したって言っても、なかなか信じてもらえないんですよね。でも、それを生業（なりわい）にしている人なら分かってくれるかと思って」

怪異体験は体験者にとって必ずしも誇るべき事柄とは限らない。だから、体験者の多くは周囲の無理解と自己不信に揺れる記憶に、寄りそってくれる誰かを探しているのかもしれない。

怪談作家はそれに応え、希有で不可思議な出来事の多くを書き留め、書き起こし、書き残す。

しかし、実話怪談における隠れた功労者であり大恩人でもある体験者を我々怪談作家は隠す。登場人物名を仮名とし時にそれが起きた土地を曖昧にして伏せる。これは謂われなき誹謗中傷から彼らを守るため、体験の真偽について詰め寄られるのを防ぐためでもある。それ故に、実話怪談の重要な中核を占める体験者自身についてスポットライトが当てられることはほぼない。

本書は、そんな功労者の内の一人が残した功績に報いたい一心で編まれた。

この偉大な功労者は恐怖箱を始めとする多くの実話怪談本に様々な体験談を委ね、二〇一五年十月に早すぎる生を終えて天に帰った。〈彼女〉の葬儀に参列する機会も墓参の機会も得られないまま五年も過ぎてしまったが、本書が故人を偲ぶ一冊として永劫に語り継がれていくならば、悔やみ悔いる気持ちが僅かばかりでも軽くなるだろうか、と思っている。

目次

●……加藤一
◆……鈴堂雲雀
▲……ねこや堂
■……神沼三平太

慰霊の山

一九八五年八月十二日。

あの夏、五二〇人の命が御巣鷹（おすたか）に散った。

人類の航空史上、最悪の航空機墜落事故である。

尾翼損傷により制御を失った機体は、群馬県高天原山系、御巣鷹の南の尾根に激突。

機体は御巣鷹周辺の森に飛び散り、跡形もなく四散した。

乗客は、それぞれの人生の途上にこの機体に乗り合わせた。仕事であったり、帰省であったり、旅行の帰路であったり。

男性、女性、老人、子供、有名人、無名人。生前の肩書きとは分け隔てなく人生を寸断され、彼らの身体は山に森に飛び散った。

懸命の救助活動の結果、奇跡的に四人が救助された。

それ以外の乗客、乗員はこの御巣鷹の尾根を人生終焉の地とした。

墜落現場の様相は凄惨だった。

航空機は原形を留めておらず、人もまた同じだった。

御巣鷹の尾根はそもそも観光登山のための山ではない、原生林の生い茂る無名の尾根だ。

このため、事故現場に到達するのには道なき山を縦走せねばならず、また森を薙ぎ払って散らばった機体と遺体の収容は困難を窮めた。

遺体収容に関わった自衛官の多くは捜索作業後にＰＴＳＤを患い、以後、大規模災害対応に当たる隊員の精神を慰撫するための部署が自衛隊内に作られたほどであるという。

その後、御巣鷹の尾根には慰霊碑と慰霊登山に向かう遺族のために登山道が設けられた。

この慰霊登山は、事故遺族、知己を喪（うしな）った類縁者、当時の関係者によって行われた。

単なるセレモニーとしてだけでなく、何か一つでも痕跡を見つけたかったのだ。

見落とされていた遺品はないか。形見になるようなものは埋もれていまいか。

そこに行けば、会えるのではないか。

そんな想いを胸に抱く人々によって慰霊登山は続けられた。


三上恵美さんは、この事故に日本航空の地上勤務社員として遭遇することになった。

当時、事故を巡る対応は全社を挙げて行われ、彼女もまたその渦中で時を過ごした。

会社の重役が足を運ぶセレモニーとしての慰霊登山にも関わったが、それとは別にプライベートでも慰霊登山を行っていた。

何度目か、何年目かの夏のことだ。

その年、これまでに何度も足を運んだ御巣鷹の尾根を登った。

遺体の捜索はとうに終わり、遺品も機体の破片も殆どが回収されている。

機体に樹々を薙ぎ倒されたまま剥き出しの山肌を見せている山の風景は相変わらずだが、

うっすらと下生えが茂り、凄惨な事故現場であったことは次第に草木の合間に埋もれ始めている。いつか、この地も事故の痕跡を消し去ってしまうのだろう。

ただ、時折事故の痕跡が見つかることがある。

それはごく小さなネジのようなものであったり、元は何だったかは分からないが、焼けただれた人工の何かの一部分であったり。

それまで人の踏み入ることなどなかった場所だ。

そうして見つかる小さな痕跡の多くは今なお残る事故の遺物である。もう何年も過ぎているのに、それは今でも見つかるのだという。事故のことを皆が忘れても、忘れようと思っても、そうさせてはくれない。小さな部品の一つが落ち葉の影から覗くのを見つけるたび、そこが五二〇柱の終焉の地であることを何度となく思い起こさせる。

恵美さんは慰霊碑に手を合わせ、そして御巣鷹の尾根に向けて手を合わせた。

彼らの無念を想い、ただただ頭を垂れた。

その夜のこと。地元のホテルに一泊した。登山の後、くたくたになった身体を一晩休ませてから翌朝帰るのが恵美さんの習慣になっていた。

湯を使って汗を流し、一息入れるともう他にすることはなくなった。

夏の夕暮れの残照はとうに消え、辺りは夜の帳(とばり)に包まれていた。

ベッドに入って枕元のライトの光量を絞った。

夏掛けを羽織って目を閉じる。

エアコンが低く唸るぶうんという音だけが室内に満ちている。

そのエアコンの機械音に紛れて、微かにしゃくり上げる声が聞こえた。

それは最初、遠く聞こえた。隣の部屋か。もしくはもっと遠くか。

小さく、少し引き攣るような。

耳を澄ますと、それはよりはっきりと聞こえた。

ひっく、ひっく。ぐしゅ。

時折嗚咽が混じる。誰かが泣いているのだ。

そっと暗闇に目を凝らすと、客室の入り口付近に人影が見えた。

壁際に据え付けられた大きな姿見の前に誰かがいる。

ぼんやりと灰色の輪郭が、人の姿を形作っている。

そして、それは女性である。明確に判別は付かないのだが、確かに女性なのだ。

立ち尽くし、泣いている。

怖くはなかった。

ただ、悲しかった。

恵美さんもまた泣いた。枕を抱え、突っ伏して泣いた。

理由などない。いや、今更問うまでもない。

ただただ、悲しかった。泣くより他に何もできないほどに。

姿見の前の〈彼女〉と恵美さんは言葉を交わすでもなく、ひたすら泣いた。

一晩中、ずっとそうしていた。


翌朝、辺りが大分明るくなってきた頃、漸く〈彼女〉の気配が消えた。

いつの頃に消えたのか、よくは分からなかった。

泣き明かした恵美さんは、漸くうとうとし始めた。

きっと、瞼がぱんぱんに腫れてるんだろうな――。

目覚ましが鳴るまで、あと少しだけ寝ようか……そう目を閉じたとき。

不意に、室内に甘い香りが広がった。

この香りはよく知っている。恵美さん自身が愛用している香水だ。

そして、これと同じ香りの香水を愛用していた友人を思い出した。

同じ社内サークルで知り合った友人。年齢は違ったが、同郷のよしみで仲も良かった。

彼女は、キャビンアテンダントとして事故機に搭乗していた。

――彼女が来ていたのだ。

恵美さんは確信した。

「あの事故は、本当に酷い事故だったから……」

遺体の多くは原形を留めていなかった。

腕一本、奥歯一つしか残らなかった遺体すらある。家族にすら判別ができず、ＤＮＡ鑑定や歯科治療の記録から漸く特定できた人すら珍しくなかった。
「だから、事故後の姿を見せたくなかったんだと思う」

恵美さんが退職してもう随分経つ。
あの晩、一緒に泣き明かした友人は、それっきり現れない。
だけど友人を忘れないために、恵美さんは今も慰霊登山を続けている。

彼女の杞憂

静枝さんの付き合っている相手には、家庭があった。

もちろん、その家庭に収まっているのは静枝さんではない。

相手である小田原は職場の上司である。言うなれば不倫。

付き合いだしてから二人の関係が何か変わった、ということもない。割り切った、身体だけを求め合う関係に過ぎない。

小田原の家庭を壊して、それを奪う。自分が小田原の妻になる——。

そんな未来はおよそ想像できなかったし、そんなことを求めてもいなかった。

小田原は遊ぶのには都合が良かった。火遊びをする相手としてなら。

だが、生涯のパートナーにするには問題がある。今この瞬間も現在進行形で自分との間に不義を働き、家庭を裏切り続けている。そのことに一片の躊躇いも見せない。

そんな男を愛せるはずがなく、愛そうと思ったこともない。

身体の餓えを癒す、そのためだけに続いている。

そう割り切りながら、縁を切ることもできない。そんな関係だった。

小田原は一言で言えば手癖の悪い男だった。

小田原にとって静枝さんが何人目の女なのかは知らない。

が、少しでも脈があると思えば貪欲にモーションを掛ける。誰かが好き、というのではなく女という生き物を手に入れる、狩りのように自分のモノにするという行為そのものが好きなのかもしれない。

二人の関係については公然とは隠されていたが、同僚の何人かは目敏く気付いていたかもしれない。

「付き合ってるんでしょ？」

「ほどほどにね」

言葉には出さないけれど、そうと気付いている。皆気付いているけれど、気付かない振りをしている。それが、関係を断ち切り難い理由の一つだったかもしれない。

あるときのこと。

「静枝！　あの男とは別れたほうがいいわ！」

同じ職場の同僚で静枝さんの親友、琴美さんが激しい口調で詰め寄ってきた。

小田原と静枝さんの関係について彼女もまた黙認していたはずだ。大人の関係に口を挟むような野暮は言わないでくれる、そう思っていた。

「あいつ、私を口説いてきたのよ！」

琴美さんも既に結婚していて家庭があった。夫も子供もいた。

ただ、驚きはしなかった。あの情欲に貪欲な男ならありそうなことだ、と。

自分との関係は割り切ったもの。だから、他の誰かと関係を持とうとすることについても、互いに口を挟まない。そういう関係なのだ。

「でも、そういう人だし……」

取りなそうとしたのが災いした。

「あんたに怒ってるんじゃないのよ。あんたがどうしようとあの男は変わらないし、あんたにどうにかできるもんでもないでしょ」

だから、別れるべきだ。あんな男には、早く見切りを付けるべきだ。

激しい剣幕でそうまくし立てる琴美さんの言は全て正しい。

返す言葉もない。と言って、見切りを付ける踏ん切りも付かない。

ぐずぐずと言い訳する静枝さんに対して、琴美さんはぴしゃりと言った。

「そう……分かった。あんたがあいつと手を切れないなら、私があんたと手を切るから。この先、私には関わらないで」

そうは言っても、静枝さんも琴美さんも、そして小田原もまた同じ会社の社員である。

部内の会議や親睦会など、静枝さんと琴美さんの事情を知らない他の社員とともに臨席しなければならない機会はある。

顔を合わせても、以前のような気易い挨拶はなくなった。

互いに視線を合わせず、必要最低限の接触しか持たない。

どうにか友情を修復したいという気持ちはあった。

ただ、その前提条件として小田原との関係を断ち切らなければならない。分かっているのに未だそれができず、ずるずると関係は続いている。

その気まずさが二人の間をますます冷え込ませた。

原因を作り出した小田原はと言えば、およそ空気など読まない男だった。

静枝さんとの関係はそのまま続いた。

シフトの違いはもちろんあったが、疎遠になった琴美さんとの絶交状態は一カ月にも及ぼうとしていた。この一カ月、電話はおろか殆ど口も利いていなかった。

——ちゃんと話をしなくては。

そういう気持ちは常にあったが、小田原に呼び出されればそれに応じてしまう。

結局、割り切った関係だからと嘯きながら、友情と男を秤に掛けて男を選んでいた。

頭では分かっているのに、どうしてもダメだった。

そんな状態がこの先もずっと続くのか、とも思っていた。

そして、その日は来た。

一九八五年八月十二日。

群馬県上空にて、事故が起きる。

御巣鷹の尾根に消えた一二三便に、琴美さんも乗り込んでいた。

仕事ではなく、家族全員で。プライベートな旅の途上だった。

ヘリからの映像を流すニュース画面は、森を抉り取られて山肌を剥き出しにした斜面を映すばかり。そこには静枝さんが見知った航空機など影も形もなかった。

――でも、これは嘘でしょう？

目の前で起きているのが現実であることは理性では理解している。

けれど、それを受け止めることができない。

それでも身体は気忙しく動く。今しなければならないことを、今できることを。

少しでも気を抜けば、琴美さんを喪った事実に押し潰されてしまいそうだった。

ちゃんと話し合うことができなかった。

ちゃんと謝ることもできなかった。

いつか、そのうちどうにかなると思っていた。

いつか、そのうちが来ないなんて、思ってもいなかった。

取り憑かれたように働き、糸が切れたように眠った。

一人でいることに耐えられなかった。

事故から日が経つにつれ、もう琴美さんは戻ってはこないのだということが動かしようのない確定事項として迫ってくる。それをまた受け止めきれなくて、静枝さんの心にはぽっかりと穴が空いた。

その穴を埋めるものを求めた。

手っ取り早いのは男だった。

手を掛けずとも、寄ってくる。いつでも都合のいいときに求めに応じる。

小田原の目にはそんな風に映っていたかもしれない。

あれだけ謝りたい、謝るための前提がこの男と手を切ることだったはずなのに、謝るべき親友を亡くした心の穴を、手を切るべき男で埋める。あまりにも滑稽だった。

なのに、それでも自分を変えることができないまま、静枝さんは小田原との救いのない逢瀬を重ね続けた。

琴美さんとのことを悔やんでも悔やみきれず、忘れようにも忘れられない。


この頃、同僚の多くが静枝さん同様の苦痛を背負っていた。

遺族の多くも同様であったろう。それだけに、自分達は被害者のような素振りを見せられない。見せてはならない。そう言い聞かせて人前では気丈に振る舞い続けていたものの、静枝さんの心と身体に蓄積した疲労は、限界に達しつつあった。

数カ月に及んで体調不良は続き、常に身体が重たかった。

そして一九八六年夏。

事故から一年を迎えた。現地に慰霊碑を建立し、遺族や会社の関係者、多くの所縁(ゆかり)のある人々が慰霊のためにあの尾根に向かうのだという。

いても立ってもいられなかった。

体調不良を押して、静枝さんもまた現地へ向かった。琴美さんが人生の断絶を強いられた場所へ。琴美さんに会いたかった。会って謝りたかった。その思いに突き動かされ、麓の町にあるホテルにまではどうにか辿り着いた。

しかし――。

「無理ですよ。そんな体調で登れる山ではない」

一年前の救助と遺体収容に当たった自衛隊、地元の消防団の苦難は広く知られていた。

御巣鷹の尾根はそもそも観光用の山ではない。

後年、手摺り（てすり）や階段を設けた慰霊登山道が整備されたが、当時は山に慣れた人間ですら簡単には踏み入ることが難しかった。昇魂之碑と刻まれた慰霊碑の除幕の場に、遺族の多くが参列したのは並大抵のことではなかった。

迷いを遺しているような者が辿り着くことなど許されない場所なのか――。

その日、静枝さんは慰霊登山を諦め、琴美さんが最期を迎えた地に向けて麓の町から祈りを捧げた。

会おうと思ったのに会えなかった。また、切り出せなかった。

琴美さんが存命のうちに何度も繰り返した釈然としない迷いは、彼女を喪った今も続いている。静枝さんの中ではあの日のまま時が止まり、琴美さんに言い渡されたことを何一つ変えられないでいる。

自宅に戻ると、留守番電話のランプが点滅していた。

『今夜、会いたい』

小田原からだった。

結局山に登ることこそできなかったが、群馬までの往復で身体は疲れ切っていた。

——何と言って断ろうか。それとも無視してしまおうか。

逡巡しているうちに、再び電話が鳴った。

『どうしても会いたいんだ。きっと、一人でいるのは寂しいんじゃないかと思って。だから今、君の傍にいたいんだ』

心にはまるで響かない台詞だった。

だのに、気付いたときには小田原に指定された店にいた。

小田原は琴美さんについて形ばかりの悔やみを言い、静枝さんを気遣うような素振りを見せた。

——どうせ口ばかり。

誠意が伴っていないことなど、今更腹を立てることでもなかった。

近頃は静枝さんとのことを妻に隠す素振りすらなくなってきた。

口実らしい口実も作らず、欲望のままに呼び出す。

そしてまた、それに応じてしまうことからも抜けられない。

都合のいい女だ、と決め付けているのがその態度からもありありと分かる。

「君の部屋に行こう」

そして近頃はいつもこうだった。愛人の部屋に公然と上がり込むことも厭わない。というより、頻繁な逢瀬で嵩むホテル代を惜しんでいるのかもしれない。この男に気遣いなどありはしない。

静枝さんの疲れた身体とそれ以上に疲れた心は、小田原に抗弁する気力も失っていた。言われるがまま、小田原を部屋に上げた。

ただ、渇きを満たすためだけの行為をした。最近ではもはやそれでは心に空いた空虚な穴の渇きも餓えも満たすことはできず、ただ惰性でそうしているだけだった。

事を済ませ、シャワーを浴びる。

——一体、何をやっているんだろう。

琴美さんを悔やむ慰霊の旅から帰ったその足で男と寝ている。そんな自分を悔いる気力も朧気だった。

ベッドに戻ると小田原は目を閉じていた。

用を済ませて満足し、眠ってしまったのだろう。最近はいつもこうだ。

静枝さんもベッドに潜り込んだ。

小田原に背を向けて目を閉じると、背後から抱きつかれた。

まだ物足りないのか。

今からもう一度繰り返すのも億劫だった。

耳元にくぐもった呟きが聞こえる。

唸り声とも呻き声とも違う。

ただ、はっきりとした言葉を喋っているようにも思えない。

念仏のように低く続く。

寝言だろうか。

身体を捩って振り向くと、小田原は寝息を立てていた。

口元がもぞもぞと動いている。

何事か呟いているのは間違いなかった。

そして、不明瞭だった唸りは、次第にはっきりとした言葉となった。

「静枝」

小田原は静枝さんの名を呼んだ。

「静枝、静枝」

ただ、それは小田原の声ではなかった。

一年ぶりに聞く、懐かしい声。

コロコロとよく通る琴美さんの声だった。

「静枝、静枝」

名前を呼ぶたび、小田原の唇が静枝さんの名前をなぞる形に動く。

声色を変えているのではない。間違いようのない声だ。

「……琴美？」

小さく返事をしてみた。

琴美さんの声は、一拍置いて言葉を続けた。

「お願い、静枝。この男とだけはダメ」

生前、琴美さんと決裂してしまう前に、何度も聞いた台詞だった。

何度もこうして諭された。

「聞いて、静枝。このままじゃあなたが不幸になるだけよ」

——だから、静枝。この男はダメ。この男だけは絶対にダメ。

小田原の唇から零れ出る懐かしい親友の声は、もう一度そう繰り返した。

そして、唇が動くのをやめるとそれっきり言葉は途切れた。

耳を澄ませても聞こえてくるのは鼾(いびき)ばかり。

小田原は熟睡していた。

静枝さんは枕に突っ伏した。

そして泣いた。

どうしようもなく涙が流れた。

親友の杞憂が、存念が、痛いほどに突き刺さった。

馬鹿だ。私はどうしようもないほど馬鹿だ。

こんなに、こんなになっても心配してくれる親友に、耳を貸さずにきたなんて。

——大馬鹿だ。

悔しくて情けなくて切なくて申し訳なくて悲しくて、涙が出た。

声を殺して嗚咽を握り潰すようにして、一晩中泣き続けた。

ごめん。琴美、ごめん。本当にごめん。


翌朝、小田原を起こした。

二人一緒に仲良く出勤する訳にはいかない。

静枝さんは一晩泣き明かして決めた覚悟が漏れ出さないよう、努めていつもと変わらぬ素振りを装った。

「じゃあ、会社で」

そんな言葉を投げかけ小田原を送り出すと、テキパキと事を進める。

会社に向かうつもりなど毛頭なかった。

その足で開店したばかりの不動産屋に駆け込む。

「部屋はありませんか――」

今の部屋とは違う部屋、違う町。小田原が知らない、誰も知らない町がいい。

内見もそこそこに、新しい部屋を即決で決めた。

会社には「急な体調不良」と伝えて有休を取った。

こうと決断してからの静枝さんの行動は迅速だった。

翌週には引っ越しを済ませ、そのまま仕事も辞めた。

長く勤めてきた仕事だったが、躊躇いはなかった。

部屋の電話番号も変えた。

ごく親しい友人を口止めし、同僚には新住所は教えなかった。

携帯電話も電子メールもない時代だ。住所と電話番号を変えてしまえば、ただそれだけで消息を絶つのは簡単だった。

新しい仕事を始めた。

資格らしい資格があった訳ではなかったが、仕事の必要から身に付けた英語とフランス語が役立ち、塾講師の仕事が決まった。

そうして新しい生活が始まり、小田原の呪縛もあっさりと断ち切ることができた。

これまでの逡巡は一体なんだったのか、と思わず笑みが零れてしまうほどにあっけなく終わった。

心は晴れ、暗く淀んだ日々に少しずつ光が差し始めたようにすら感じられた。

「琴美……ありがとうね。ありがとう」

その年の暮れ、静枝さんと同じ頃に会社を辞めた元の同僚から電話があった。

小田原との関係も知る、琴美さん亡き後唯一心を許した人である。

『久しぶり』

話の大部分は互いの近況を伝え合うような他愛のないものだったが、彼女が伝えたい本題は別にあるようだった。

言い淀んでいるようであったが、通話が終わりに近付く頃にぽろりと零した。

『あのね、小田原さんのことなんだけど——女と逃げたんだって。今、失踪中だって』

その名前を聞いても心ときめくことはもちろん、もはや心がざわめくことすらなかった。

『何か、その逃げた女とは別のね、また別の女を騙して借金させて。そのお金を持って、そう、持ち逃げしていなくなったんだって』

驚きはしなかった。あの男ならありそうなことだ、と。

「それじゃあまた、そのうち」

受話器を置いた。

同時にあの夜の琴美さんの声が、言葉が脳裏に甦った。

〈静枝、聞いて。——このままじゃあなたが不幸になる。この男だけは絶対にダメ〉

このことだったのだ。

親友が伝えたかったのは、このことだったのだ。

あのとき親友の言葉で目が覚めていなければ、騙されて借金をさせられたのは恐らく自分だっただろう。

救われたのだ。琴美さんに。

その日、静枝さんは泣いた。

あの晩と同じくらい、いやそれよりもずっとたくさん泣いた。

泣いても泣いても涙が涸れないのが不思議なくらいに泣いた。

ありがとう、と繰り返して泣いた。


それから大分経って、静枝さんはまた男性と付き合うようになった。

もちろん、今度は不倫などではなかったが、また以前のようになりはしないかという不安が完全に癒えた訳ではなかった。

そんな折、夢に琴美さんが現れた。

彼女は無言で、しかし終始笑顔だった、という。

静枝さんは思い悩んだ。自分の過去を隠してこのまま付き合っていてもいいのか。

いつか過去が誰かから漏れて、自分は失望されてしまうのではないのか。

親友とのことを、どう理解すればいいのか。

思い悩んで、そして彼に打ち明けた。

琴美さんとの諍（いさか）い、そしてあの不思議な一夜と遅過ぎた和解。

そしてまた夢に、琴美さんが現れたこと。

彼女は笑顔だった、ということ。

「……なるほど」

彼は真剣な面差しで静枝さんの話に聞き入った。

訝（いぶか）ることも混ぜ返すこともなく事の次第を全て聞き終えると、柔らかな笑みを浮かべた。

「それなら、僕は琴美さんに感謝しなくちゃな。彼女が君を諫めてくれなかったら、僕は君に出会えなかった。そうだろ？」

涙が零れた。静枝さんはまた泣いた。嬉しくて、泣いた。

そうして、彼との結婚を決意した。


「琴美は私のために山から帰ってきてくれたんだと思うんです」

静枝さんはそう信じている。疑う理由などない。

その後の結婚生活は順調で、子宝にも恵まれた。

出産は大分遅くなったが、子供は元気に育っている。

あの御巣鷹で、琴美さんは家族全員と一緒に亡くなっている。もし生きていたら、今でも家族ぐるみの付き合いをしていたかもしれない。そうしたかった。

この事故に纏わるお話を託されるに当たって、御巣鷹という名前を出すべきかどうか悩んだ。かつては、遺族の心情を考えるなら、ましてや怪談としては出すべきではないとも言われてきた。

ただ、この話と前述の「慰霊の山」の二件については、それぞれお話を託して下さった方々から「御巣鷹の名前を出すべき、むしろ是非出してほしい」という御要望を賜った。

あの事故の後も大小様々な空や地を巡る災害が起きた。そのたびに古い事故の記憶は風化していき、そこで生を終えた人々に関する記憶は歴史の一頁に追いやられてしまう。

だがこれは語り継いでいくべき物語だ、という強い思いを持つ人も多い。

その周囲にあるものが、不可思議な怪異を伴う怪談であったとしても。

「だから——供養にもなると思うので、是非このことを書いて下さい」

そう御承諾をいただいた。


事故から四半世紀以上が過ぎた。遺族の高齢化によって、慰霊登山を続けることができる人数も年々減っている。

静枝さんと御家族は、今でも夏になると親子三人で御巣鷹の尾根に登っている。

琴美さんに会いに行くためだ。

この先、身体が動く限り、静枝さんはずっとそれを続けていくだろう。

御神木 二柱

とある製材所の話。

材木を扱っているところには様々な材が出入りするのだが、この製材所には何年かに一度、難物が持ち込まれることがあるらしい。

神社の境内にあった木――御神木の類である。

こうした木は普通に伐(き)ろうとしても伐れない。

裁断しようと材を乗せた途端、丸鋸が動かなくなってしまうのだ。

「またかい」

機材が停まってしまっては、他の仕事にも支障が出る。

製材所の社長は、氏子神社の神主さんを呼んで、来てもらった。

「ああ、また」

「またです。よろしく頼みます」

押っ取り刀でやってきた神主さんは、持ち込まれた材を御神酒で清めていく。

社長も慣れたもので、神主さんに合わせて清められた材をゆっくり割っていく。

「ああ、出ました」

割れた材の中に五寸釘が入っていた。

毎回必ずこうなのだそうだ。

所謂(いわゆる)、丑の刻参りをされた御神木には、しばしばこういうことが起こる。

そうした木はどうするのかと言うと、もちろん原料材としては使えない。

仕方がないから、神主さんにお願いしてきちんと処分してもらうことになる。

「ってことは、アレっスか。これ捨てっちまうんスか」

この日、たまたま居合わせたヤンチャな人が、御神酒で湿った御神木を物欲しそうに見ていた。

「良くないものだからねえ。そういうのはちゃんとしないと」

「ちゃんと、つっても結局燃やすだけなんショ？」

神社に在った木である。材の質が良いものであることは間違いない。

しかし、清めないと割れもしないのは普通ではない。出てきた釘はただの釘ではないということだ。

「素人さんが関わるようなもんじゃないよ」

「いやあ、つーかソレ、ただの木だし。気にしすぎっショ、社長」

どうやら自分の趣味のために、手頃な材を探していたらしい。

何に使うつもりなのかは分からないが、「丑の刻参りの御神木」なら箔が付くというくらいのつもりなのだろう。

「全部とは言わねえス。木っ端だけなら大丈夫っショ」

彼は、ブロック程度の大きさになった御神木の木っ端を、止める間もなく持ち帰っていってしまった。

ところが——。

その晩のうちに、御神木を持ち帰った家から火事が出た。

全焼してしまったらしい。

「ちゃんと始末する、って御神木に約束してるのに、それを横から破るような真似をしたら、罰が当たって当然」

原理、理屈ではないのだ。

これは、約束なのだ——と、社長や神主さんは口を揃えた。

＊　＊　＊

このように、神社の木が持ち込まれるというのは、珍しい話ではない。

御神木として注連縄を纏って崇められている木ばかりが御神木ではない訳で、境内に生えていた木、というのも御神木のうちにカウントされる。

霊験灼かな御神木とはいえ、例えば落雷や虫食いなどで折れてしまうようなこともしばしば起こりうる。

そうなってしまうと、「何か力が宿っているのではないか」という期待、或いはその霊験にあやかろうという欲が出てきてしまうものらしい。

とある現場での話。

新築工事の大工仕事に携（たずさ）わる棟梁（とうりょう）の元に、建て主が材木を持ち込んできた。

「なかなか立派だろ？」

確かに大層立派な材木だった。

「ついで仕事で悪いんだが、こいつで神棚を作ってくんな」

建て主からついで仕事を頼まれる、ということも現場ではしばしばある。特注の棚や本棚、縁台などを頼まれて、それを端材でついでに作ってやるといった具合だ。

ただ、このように依頼主が材木を自分で持ち込むというのはあまり多くない。

反りや曲がりのない筋のいい材だったが、未製材で皮剥きすらされていない。

棟梁は「いいよ」と軽く応えて、材に手を掛けた。

しかし、鋸を当てた瞬間、棟梁はピタリと手を止めた。

「すんませんが、こいつぁ神社のモンじゃないかい？」

「その通り。いい木だろ」

「……そうかい。そんならできねぇ」

建て主は「いい木なのに」と大層残念がっていたが、結局「他を当たってみる」と材を持ち帰っていった。

棟梁が問うまで、建て主は木の出自について一言も触れていなかったはずだが、何故それが神社の木だと分かったのだろう。長年培われてきた職人の勘、という奴だろうか。

「そんなんじゃねえよ。昔、痛い目を見たから、教えてくれんだよ」


その昔、やはり同じような依頼を受けたことがあった。

「いいよ」

と、気軽に請けた直後のことだ。

丸鋸に指をもぎ取られた。

誰もスイッチを入れていない丸鋸が勝手に動いて、棟梁の左の薬指と小指が跳ね飛ばされたのである。

そのとき、自分が手を掛けようとしていた材が、御神木だったということを知らされた。

職人にとって手は大事な財産である。が、棟梁は後悔や悲嘆にくれるより先に、「知らぬ事とはいえ、御神木に申し訳ないことをした」と、懸かる神社に行って謝った。

以来、棟梁が似たようなことに出くわすと、分かるようになった。


「頭ン中によ、声が響くんだよ」

祠、お墓、御神木といった、忌避したり尊崇しないといけないものを蔑ろ(ないがし)にしている、つまり関わると必ず障るようなものに触れると、〈ダメだ〉と知らされる。

そうなったら、もうそれ以上は関わらない。

「神様を怒らせちゃあいけねぇ。こちとら、木におまんま食わせてもらってるんだからよ、筋は通さないといけねぇ」

現場で仕事をする人々は、験を担ぐし信心深い。無頼のようでいて筋を通す。

「信じる信じないとか、そういう話じゃねえ。信じなくたって、ちゃんとしてなきゃ酷い目に遭う。無碍(むげ)にすれば対価は取られる。まあ、そういうこったな」

井戸

近所にマンションが建つ。

長く独り暮らしをされていた元の地主さんは、その土地に建っていた自宅で病死された。高齢の独り暮らしで身寄りもなかったとのことで、土地家屋と隣接する駐車場の処遇は長く定まらずにいたのだが、昨年の夏頃に西日本在住だという遠縁の法定相続人が現れた。

降って湧いた遺産を相続した法定相続人は、地縁のない土地の物件だからということで、早々に売却したらしい。

昨冬、その土地に急にマンション建設の話が持ち上がり、あれよあれよという間に計画が進んだ。

近隣住民の間では、幾つかの心配事が持ち上がった。

日照はどうなるのか。電波障害は。工事中の騒音は。

そうした諍(いさか)いは、マンション新築工事と先住者である近隣住民との間に起こるものとしては、珍しいものではないのだろう。計画は手慣れたデベロッパーの手で推し進められていき、恐らく予定通りに完成するはずだ。

たまたま、それに間近で関わる機会を得た。

まとまった土地が手に入ったからマンションを建てる。何処にでもあるような平凡な話に過ぎないのだが、幾つか気になっていることがある。

隣地にある墓地、これは江戸時代からあるという相当に古いものらしい。特定の寺の所領というものではないようで、古過ぎて墓地の所有者の所在が分からない。

隣接地の地権者ということで土地境界画定図を見せてもらったが、そこにあったのは某の何右衛門といったおよそ古めかしい名前。恐らく既に存命ではないのだろうが、年齢と生死と所在が確認できないままであるため、「所有者はいるが所在不明で意志確認ができないので、行政がその代行を立てる」ような形で処理されているらしい。

トタンに囲われた墓地の内部を見ると、前年の解体工事の影響であるのか墓石の幾つかが傾き、或いは台座からずれ、隣地と墓地を仕切っているコンクリート塀に墓石が凭れ掛かっている始末だった。

工事が始まれば、このコンクリート塀は取り壊して工事防護用の仮設壁を作るということだったが、墓石について問いただしてから数カ月、墓石はずっと傾いだままである。

また、敷地内には井戸があった。

「穴があったから埋めたが、井戸かどうかは分からない」

と解体業者から引き継いだ建築主は言うが、近隣住民によれば「生前、地主さんは亡くなる直前まで植木に水をやるために井戸を使っていたはずだ」という。

解体工事の最中も後も、井戸の始末をきちんとした形跡はない。

更地になった後、最初の住民説明会を終えた夜、住民側から「ここに井戸があったはず」という現地説明がなされた。

現地確認をした設計士が何もないところで躓いていたのが気になったので、翌日明るくなってからその場所を確かめてみたところ、ぐるりと丸く円形に水が浸み出していた。

恐らく井戸があったであろうその円形に湿った場所と、敷地全体、それと隣地の古墓地を隙間から何枚か撮影した。

この方面で長年の付き合いのある方々に「どう？」と撮影画像を見ていただいた。

「……怒ってる人がいますね」

墓地、井戸双方に人ならざる方々が「いる」と。

墓地の方は工事関係者に向けての直接的な怒り。

井戸の方は不特定に対する怒りだという。

そちらについては、中年か初老くらいの男性が地面から湧いている、と言われた。

もちろん、こんなものが撮れた、このままではまずい、というような言い方をしたところで、建築主にまともに取り合ってはもらえない。

過去、実話怪談を取材させていただいてきた多くの体験者の方々は、皆同じような経験をされている。正面からまともに聞いてもらえる類の話ではないからこそ、この分野は厄介なのだ。

その後、「墓石は直しましたか？」「井戸はきちんとしましたか？」それだけを、住民説明会のたびに確認したが、「誠実に対処します」「善処します」「急ぎ確認します」との繰り返し。

「誠実に確認し善処しました」という完了形での返答を聞かないところを見ると、「何も起きていないうちは余計なコストは掛けない」という方針であるらしい。
数日前に基礎工事が始まっているのだが、そうした手続きをした痕跡は今もない。
先だって、着工前日の住民説明会で、マンションの平面図が公開された。
地上六階建てで、エレベーターがある。
エレベーターは、井戸の真上に計画されていた。
「おっかないこと、するよね」
絶句した。

完成は来年の春になるのだという。
建設工事中、できうることなら事故なく過ごしてほしいとは思う。
完成後にも事故など起きないに越したことはない。
間違っても、新築の心霊スポットになってしまわないことを切に祈っている。
決して、新築心霊スポットの誕生を心待ちにしたりしていない。
本当に。

ガチャガチャン！

最初は二十年程前。かなりハードな怪談本を発売直後に購入して読んだ夜のことだ。当時のコアな怪談クラスタであれば必ず購読したであろう本である。

その中の物件モノの話を読み終えて、本を閉じた瞬間。

――ガチャガチャン！

食器棚の中から派手な音がした。コーヒーカップと揃いの受け皿だけが粉々になっていた。

午前二時過ぎ。深夜である。気付かなかっただけできっと罅（ひび）が入っていたのだ、そうに違いない。自分にそう言い聞かせながらベッドに潜り込んだ。

それから半年経った頃。今はない某出版社の実話怪談本を読み返していたときのこと。

――カチャチャチャチャ……。

食器棚から食器がぶつかるような擦れるような音がした。急いで覗いてみる。急須が割れていた。

以来、思い出したように食器が割れる。カップだったり皿だったり、蕎麦猪口（ちょこ）であったりと、物は様々だ。

粉々であったり、真っ二つであったりするが、考えてみれば怪談本や心霊ビデオ等、その手のものを読んだり観たりしているときは粉々になっていた。

先日は友人とチャットをしていたら、皿が真っ二つになった。何気に彼に食器が割れる話を振ってみる。

「あるある、勝手に割れるよね、食器棚の中とか、テーブルで」

別れた元カノから貰ったワイングラスも気付いたら粉々になってたし、と笑う。

それはちょっとどうなんだ、とは言わないでおいた。

お稲荷さん

西日本に住む久我さんから伺った話。

今は退職されているが、久我さんはかつて役所勤めをしていた。担当は管理課。お金の管理や備品管理、用地交渉の書類の整備等で、公共事業や不動産などの管理にも携わっていた。

公共事業のための用地買収には色々と問題がつきものである。

なかなか首を縦に振らない地権者。共同名義の土地の場合、地権者の一人は了承しても、もう一人が駄目だという場合も珍しくない。一番困るのは地権者の所在が分からないというケースだ。地権者が亡くなり、離れた場所で生活する息子や娘がその不動産を相続するのはよくあることだが、その後でその相続者が転居したのか、連絡先が分からなくなることが少なからずある。こうなると、転入転出の記録を丹念に追いかけるしかない。しかし住所はそのままでも本人が行方不明になっていることも珍しいことではないのだ。

二十年以上前のことになる。

ある土地と建物を相続した地権者の所在を調べるのに、大変手間暇の掛かる物件があった。担当である柘植（つげ）さんの粘り強い調査が功を奏し、大阪に在住の地権者と連絡を取ることができた。

地権者に電話で連絡をすると、

「書類送ってくれたらすぐにでも判は捺すよ。弟に連絡して鍵送っとくからそっちで勝手に見てや」

という言葉だけで一方的に電話を切られてしまった。

だが、地権者は無視を決め込んだ訳でも、約束を違えた訳でもなかった。一週間ほど経つと、地権者の弟を名乗る小林という男性が、柘植さんに連絡をしてきた。兄から連絡を受けたのだろう。

その電話口で、代理人である地権者の弟と柘植さんとで、土地と建物の現況を確認する日程を決めた。

「小林です」

そう名乗る男性は、四十代の後半だろうか。地権者の弟である。今回の件では地権者本人となる兄の代理人となる。名刺を交換し、柘植さんが大まかな流れを説明した。まずは現況を確認し、何も問題がなければ本契約となる。

「兄の正一からは、この物件については特に気にしなくていいからという話を聞いていますので」

話は早そうだった。

小林さんと柘植さん、そして他の担当者二人、合計四人が、長年空き家になっていた五階建ての建物に入った。

各部屋を回りながら状況を確認していく。長年放置されていたので、黴の臭いが籠もり、床には埃は積もっていたが、侵入者に荒らされている訳ではないので意外と室内は綺麗だった。ここで搬出すべき物品などがあると、その分だけ日程が先送りになる。しかし、今回に限ってはその心配もなさそうだった。

屋内を全て確認し終え、最後に一行が屋上へと出た瞬間、赤い鳥居と狐の石像と小さな祠が目に飛び込んできた。

理由は分からないが、そのお稲荷さんを見た瞬間に、全員が一斉に踵(きびす)を返し、玄関へと足早に向かっていた。誰も声を上げなかった。


小林さんとの挨拶もそこそこに役所へ帰った柘植さんの元に、数日後には本契約が可能だという電話が入った。

地権者の正一さんの連絡先も小林さんから聞いているので、書類は郵送で何とかなるだろう。これでこの仕事もおおよそ軌道に乗ったことになる。柘植さんはほっと胸を撫で下ろした。

だが、気になるのはあのお稲荷さんだ。

その後、地権者とは何の問題もなく契約が完了した。所有権は自治体のほうに移ったことになる。引き続き建物の取り壊しという手順に入る訳だ。

取り壊しの際には、当然あのお稲荷さんもきちんと処分しなくてはならない。物理的な破壊のことではない。お稲荷さんは祀っている社に、「こちらから頼んで、来ていただいているもの」なので、きちんと帰さないと祟るのだ。

地方公務員には、神社の神職を継ぐ予定だという人が少なからぬ人数いる。きちんと神職の資格を持ちながら役所勤めをし、退職後に神職として働くのだ。お稲荷さんや祠の処分に困った場合には、そんな職員の実家を頼ることも珍しいことではない。

ところが、今回はいつも快く引き受けてくれる神職が、現場を見た瞬間に首を横に振った。

「これは下手に触ったらえらいことになる。今回だけは勘弁してほしい」

深々と頭を下げられてしまうと、柘植さんもそれ以上は無理を言う訳にもいかない。

案外と知られていないが役所の中には神棚が祀られていることが多い。大抵が建設や建築に関係するセクションだ。それだけ事故や不可解な出来事に多く遭遇しているということでもある。つまり、そういう方面にも繋がりが強いということだ。

柘植さんの上司の用地交渉担当の課長が頼ったのは建築関係の課長だった。話を聞いた建築課長が幾つかの公共施設の建設を手がけたことのある会社の社長を紹介してくれた。

その社長が紹介してくれたのが、名前も聞いたことのない小さな神社の宮司だった。

本来ならお稲荷さんも祠も自治体の側だけで処分することが望ましいが、今回のような場合には、再度元地権者と協議をしていく必要がある。特例の一つだ。小林さんに連絡を取り、お稲荷さんについての状況を確認してもらわねばならない。

柘植さんが小林さんに電話連絡を取り、お稲荷さんの話だと告げると、電話先で〈ああ、やはり〉と声がした。

「僕のほうでもあのお稲荷さんのことは気になっていました。兄の正一にも訊こうとしたんですが、今ちょっと連絡が取れないようなので――」

神職立ち会いの下で、お稲荷さんの処分の話を進めるということを告げ、小林さんにも同席してもらいたい旨と、候補となる日を伝えた。


「このお稲荷さん、勝手に動かされてます」

屋上を見上げた神主の第一声に、小林さんが驚いた。小林さんはまだ何も告げていない。

「このお稲荷さんは、兄の正一が処分すると言っていたんです」

そう話し始めた。小林さんの話をまとめると、

〈確信はないがこの祠は恐らく実家の中庭に父親が祀ったものであること。父親が亡くなった後、長男である正一が自分がちゃんとお稲荷さんをお返しして処分すると言っていたこと〉

それ以来、誰もお稲荷さんがこの屋上にあることを知らなかったことが分かった。

そして、思い返してみれば父親が亡くなって以来、正一の家庭に不幸が続いていると小林さんは言った。

「何があったのかは知りませんが、兄は突然離婚しまして。その直後に子供が交通事故で亡く

なりました。それから何もおかしなことしてないのに商売は上手くいかなくなって、今までのような生活はできなくなっていると聞きました。まぁ、今までの蓄えや借家からの収入が少しはあるんで、何とか僕を頼らずに生活できてたんでしょうけど」

最初は別れた嫁さんを疑ってたんですがね、と言った後で、小林さんは続けた。

「それだけじゃないんです。今回の件でお役所との話の代理人となってくれと言われたので、それから兄について僕のほうでも色々調べたんです。そうしたら去年別れたその嫁さんも亡くなってたりと、とにかく悪いことが続いているんです」

小林さんの話を聞いて、神主が地権者と直接電話で話したいと口を挟んだ。

その結果如何で、状況は変わるかもしれないし、変わらないかもしれない。

そこで一同は翌日再び集合することになった。

翌日、面々が屋上に揃ってすぐに、神主が口を切った。

「このお稲荷さんは私のほうで処分させていただきます。ただ、残念ながら正一さんについては手遅れでした。昨日電話でお話しさせていただきましたが、このお稲荷さんの話をしても気が付かない。残念ですが、正一さんについては私ではお役に立てそうにはない」

小林さんにそう言って頭を下げた。

「このお稲荷さんは私が責任を持ってお預かりして処分します。だからあなたはこのお稲荷さんのことも建物のことも、あとは正一さんのことにも、これ以上関わらないでいただきたいのです」

神主のただならぬ表情から何かを感じ取ったらしい小林さんが静かに頷いた。

数日して神主立ち会いの下で秘密裏に稲荷の社を移す作業が行われた。その作業は神主を紹介してくれた業者の社長を含めたごく僅かな人々の手で行われ、公的な書類にも記載されていない。

そしてその社が神主の元に移されたのち、柘植さんと小林さんに対して念入りな祈祷が行われた。


その後、建物自体の解体が行われることになった頃、担当者の元に警察から連絡が入った。

解体予定の建物から人が飛び降りて亡くなったという連絡だった。

建物の所有は既に自治体に移っているということで、こちらに報告が届いたのだ。

亡くなった人物は元地権者――小林さんの兄の正一さんだった。

担当者達三人と小林さんが再び神主の元へ集まると、神主は静かに口を開いた。

「正一さんが亡くなった日は、私のほうでもやっとお稲荷さんをお返しすることができた日なんです。これ以上は私の口からは言えませんが、これが報いというものだと思って下さい」

再び丁寧な祈祷が行われ、その後無事に建物は解体され、工事も順調に進んだ。

現在は役所内の再編成が行われ、その用地に関わった部署はなく、職員三人のうち二人は別の部署へ異動し、一人は退職した。

「今でも内緒で年に一度はそこの神社へ管理職が参拝してるはずだよ。私が辞めるまで管理職が代わっても行ってたからね」

最近、退職した柘植さんは、久我さんにそんなことを話したという。

3ナンバー

夜も更け、太田さんが寝床の支度をしていたところに電話が掛かってきた。

『もしもし！　水ヶ峠に上がってく道って、何処から入ればいいの？』

いきなり本題から始まる電話を寄こしたのは、友人の磐城さんだった。

「は？　国道行けばいいんじゃない？」

水ヶ峠は、愛媛県松山市と今治市を繋ぐ国道三一七号線の途中にある。

地名で言うと北三方ヶ森と伊之子山の稜線の丁度中間辺りが水ヶ峠と呼ばれている地域なのだが、地元で「水ヶ峠」と言えば、松山市から今治市に向けて南南西から北北東に貫く全長二八〇四メートルのほぼ直線の道――水ヶ峠トンネルを指す。

『いや、そうじゃなくて、水ヶ峠の上のほうよ。国道から上に上がってく道』

磐城さんは随分と動転した様子で、どうにも要領を得ない。

「上って、あの辺、酷道(こくどう)しかないよ」

水ヶ峠は、あまりいい噂のある場所ではない。

どちらかと言うと剣呑な風聞の多い地域だ。

磐城さんは、廃墟好きでも何でもないごく普通の主婦であるはず。

『うちの息子が〈迎えに来い〉とか言ってんのよ！　この夜中に、全くあのバカ何やってんだか！』

話は少し戻る。

磐城さんの息子の規之君は名古屋の大学に進学したのだが、休みを利用して地元に戻ってきていた。

「ドライブ行こうぜ、ドライブ！」

昔馴染みの悪友やその友達に集合を掛けて、夜のドライブをしよう、という話になった。

悪友の一人が女の子の友達を連れてくると言うので、ちょっといいところを見せようと、実家の祖父の車を借りだしてきた。

「おおっ、スゲー。３ナンバーじゃん！」

「うちの爺ちゃん、若い頃からぶいぶい言わしてた人でさー。〈３ナンバー以外は車じゃねえ！〉とか言ってたんだよ。まあ、俺の車だと五人は乗れないからさ」

規之君はここ一番という気張ったドライブのときには、祖父を拝み倒して車を借りるのが常だった。

そういう車は見映えも良く、押し出しも効き、何より山道を走るのに向いている。難を言えば、車格が大きいので取り回しに気を遣うといったところくらいだろうか。

「で、今夜は何処へ行く？」

シートベルトを締めつつ、規之君は応えた。

「今治。まずは、今治な」

松山市内から今治へ向かうと言えば、国道三一七号に乗るというのは、もはや暗黙の了解のようなものだ。途中にはロープウェイもあり、古刹や神社などが点在する谷沿いを縫うように走る国道は、綺麗に整備されていてドライブには持ってこいだ。

しかし、今夜の本当の目的は単なるドライブではない。

「で、規之。大学はどうよ？」

地元に残った悪友達とは進路がバラバラになったので、彼らも規之君の近況には興味がある様子だった。

「おう。なかなか面白いよ。今、オカルト研究サークルってのに入ってるんだよね。まあ、廃墟巡りの会、みたいな感じでさ」

「じゃ、今日は心霊スポット巡り？」

「おうよ。穴場スポット行くぜ！」

丁度、水ケ峠トンネルの入り口近くまで差し掛かったところで、アクセルをゆるりと弛めた。

街灯も何もない、真っ暗な脇道にそろりと車の鼻先を突っ込む。

リアシートの女の子が不安げな声を上げた。

「え、何処行くの？」

「知ってる？　この水ケ峠トンネルの入り口でさあ、心霊写真撮れた人がいるらしいんだよ。しかも、その携帯は……車の助手席に置きっ放しだったのに、勝手にシャッター切れたらしいぜ！」

「きゃー、やめてやめて！」

ネットの掲示板で聞きかじったような噂話だが、女の子には効果覿面だった。

車内は俄に〈いい雰囲気〉になり始めた。

ひび割れて砂利と落ち葉に半ば埋もれた酷道を、車はゆっくりと上っていく。

女の子は脅かされ要員として誘われたようなものなので、規之君の友人達もそれぞれ調子に乗って噂語りを始めた。

「そういえば、こんな話があるぜ」

今、規之君達が走っているのは、水ヶ峠トンネル——国道から外れて、山中に向かう林道である。この道を登り切ったところに小屋がある。

「その小屋の窓から中を覗くと……誰かがぶら下がってるのが見えるんだってさ」

「きゃー！」

女の子は耳を塞ぐ。

悪友達はゲラゲラ笑う。

「いやいや、まだ怖がるとこじゃないから！」

小屋の窓から見える縊死体に驚いてドアを開けて踏み込むのだが、室内には誰もいないのだという。

「で、あれっ、誰もいないじゃん、ってなるじゃん。それで小屋の外に回ってみると、やっぱり窓越しに首吊り死体がゆらゆらしてんのが見えるんだって」

やっぱり死体がある。大変だ、ともう一度ドアを開けて室内に飛び込むが、死体が揺れているはずの場所には何もない。

「……そのとき、誰もいない小屋の中から――笑い声だけが聞こえるんだってよ」

女の子は「きゃー」と声を上げるも、若干わざとらしい笑いを含んだ悲鳴となっている。

怖い気分を盛り上げよう、という規之君達のノリに付き合ってくれている、という感もある。

車内はひとしきり笑いに包まれた。笑い疲れた規之君はふと思い出した。

「……はー、でもさ。ここって色々ヤバイ噂はあるよな。昔、女の子が山ん中に連れてこられて強姦（ヤ）られちゃって、山の中に置き去りにされたとか殺されて死体を埋められたとか、そういうの。これはガチな話でさ」

キュルッ、ジャリッとタイヤを鳴らしながら進む。

交通量の多い国道とは大違いの割れて荒れた道は、沢に沿ってごく小さな弧を何度も描いている。深く生い茂った枝が行く手を遮り、祖父の車に傷を付けまいかとハラハラした。

酷道は大分細くなり、3ナンバーの車を擦らずに走らせるのが難しくなってきた――と思ったところで、どうやら道路の終端に辿り着いた。

「これ以上は車は無理。多分、この近くに小屋があるはず」

「小屋って？」

「さっき車ん中で話したろ？　窓から死体がぶら下がってるのが見えたっていう小屋が、この辺にあるはずなんだ」

車のライトが消えて暗闇に目が慣れてきた。

懐中電灯で周囲を照らしてみても、小屋のようなものは何処にも見当たらない。

「ホントにこの道で良かったのか？」

「ああ、間違いない、はず」

サークルの先輩が言うには〈絶対確実鉄板のポイント〉ということだったが、実際に来てみると単なる山の中の行き止まり、それ以上でもそれ以下でもない。

「何にもないし、何も起きないじゃん」

何かが出ることを期待している場所で、何も起きないことほど興醒めなことはない。

女の子にしてみても、気心の知れた男友達が四人もいれば恐怖心も湧いてはこない。

拍子抜けして白けた気分が漂った。

「あー、じゃあまあ……帰るか」

規之君は飲み掛けの缶ジュースを飲み干して、腹いせのように放り投げた。

空き缶は虚空に吸い込まれるようにして消えた。

シートベルトを締めて、セルを回す。

無反応。

「あれっ？」

もう一度セルを回す。

無反応。

キーを抜いて差し込んで、シフトレバーがニュートラルにあるのを確認し、アクセルを踏みながら三度セルを回す。

　無反応。

「規之、どうした」

「いや、エンジンが掛からん」

　何度繰り返しても掛からない。

「カブってるんじゃないのか」

「それでも、キュルキュル言うはずだろ。何も反応がない」

　車内の空気が次第に重くなってくるのが分かる。

「……おかしいな。……何でだ。……畜生、何でだ」

「おまえんち爺さんの車なんだろ。何だよ、このポンコツ」

「ちげーよ、この車、最近車検通したばっかりだぞ。壊れてるとかあり得ねぇぇぇ」

　語尾が縒れて裏返った。規之君の焦りが車内に伝わる。

　ここから松山市内まで戻るとしても、軽く二十キロはある。そろそろ走ってきた険しい酷道、そこから更に延々続く国道を戻るのに、車でも軽く一時間は掛かる。他に何もないこの山中を歩くとなったら、数時間で麓まで辿り着けるかどうか分からない。

　事態が予想以上に深刻であることは、心霊スポットで何も起きなかったことよりずっと大きく現実的な恐怖となって全員を覆った。

　この本格的に深い山中では、携帯の電波すら入らないのである。

「駄目だ、ａｕもアンテナ立たねえ」

「私のドコモも無理みたい。規之君はどう？」

「ａｕもドコモもアンテナ立たないような所で、ソフトバンクだけが通じる訳ないだろ！」

全員の視線が規之君に集まった。

「……歩くしかないだろ。車は置いてく。電波が通じるとこまで歩いて、助けを呼ぼう」

酷道の小石に足を取られながら暫く来た道を下っていくと、漸く女の子の携帯にアンテナが立った。

とはいえ、夜の夜中である。

まさか、女の子の家に連絡を入れて迎えに来てもらう訳にはいかない。

夜の夜中に嫁入り前の女子を連れ出して、男四人と女の子一人で何をしていたのか、と問い詰められでもしたら、疚しいことが何もなかったとしても申し開きが難しい。

結局、祖父の車のこともあるから、と、女の子の携帯を借りて規之君は実家の両親に迎えを頼むことにした。


そして話は冒頭に戻る。

磐城さんと旦那さんは、馬鹿息子の愚行に憤慨していた。

地元の人間であるから、水ケ峠トンネルの場所くらい分かっているが、そこから「峠に入る林道」などとなれば話は別だ。要領を得ない息子に早々に見切りを付け、友人である太田さんに概ねの見当を訊ねて、どうにか件の峠に続く酷道に辿り着いた。

「このバカが！」

旦那さんの第一声がこれで、

「あんた、どういうつもりなの！」

磐城さんの第一声がこちら。

両親はカンカンに怒って、規之君を張り倒して叱った。

「ここがどういう場所だか、分かってんのか！　おまえらだけならまだしも、よそ様の大事な娘さんまで連れてきやがって！　おまえらの興味本位で首突っ込んで、ロクでもないことにでもなってたらどうするつもりなんだ!!」

両親の剣幕に押されて、規之君はしどろもどろに抗弁した。

「ち、違うんだ。ちょっとドライブして、様子だけ見てすぐ帰るつもりだったんだ！　でも爺ちゃんの車、エンジン掛からなくて。整備不良なんじゃないの」

「そんな訳あるか！　口答えすんな！」

規之君は再び張っ倒された。

車検を通したばかりであることは、何より両親も承知の上である。

磐城夫妻は乗ってきたハイエースに息子達全員を乗せ、〈爺ちゃんの3ナンバー〉が置きっ放しになっている酷道の突き当たりまで戻った。

磐城さんも何度かセルを回してみたが、規之君の言う通り確かにウンともスンとも言わない。

「埒が明かんな。車は後で取りに戻ろう。とにかく、娘さんを送り届けるのが先だ。その子の家は何処だ」

結局、件の3ナンバーの回収は翌日に持ち越され、規之君は女の子を送り届けた後、朝まで正座で説教を食らった。

そうして翌日。

磐城さんは例の3ナンバーを回収するため、改めて現地へ向かった。

この日は車のディーラーの営業にも同行してもらった。

「先日の車検のときには特に問題はなかったんですが……」

車検を通しておきながら不具合が見つかったとあっては問題なので、現物の様子を見て実際に動かないようであれば工場入りを考えねばならない。ディーラーとしても責任問題である。

昼間の水ヶ峠は、深い緑の中にもちらちらと木漏れ日が漏れる明るい場所だった。

昨晩の真夜中の風景とは大分風合いが異なる。

3ナンバーは、昨日と同じ、酷道の突き当たりに鎮座していた。

「……それで、セルが回らなかったんですね?」

「そうそう、何度も試してみたんだけど、キュルキュル音もしなかったわね」

なるほどなるほどと頷いて、ディーラーは運転席に腰掛けた。

イグニッションキーを挿して、セルを回す。

——フォン。フォオォォォォォンンンン……。

「掛かりましたよ、これ」

確かに一発でエンジンが掛かった。

ディーラーが何度か試し磐城さんも同じように掛けてみたが、やはり何事もなくエンジンが回る。

「昨日は確かにウンともスンとも言わなかったのよ。変ねえ……」

「……うーん、バッテリーが上がっていたという訳ではないようですし、念のため一度工場にお越しいただいたほうが良さそうですね」

万一に備えてディーラーが３ナンバーのハンドルを握るが、エンジンにも足回りにも特に何の問題も起きる様子はない。

松山市内のディーラーの工場に辿り着いたところ、丁度ディーラーの社長が帰社したようだった。

社長は愛想笑いを浮かべながら挨拶してきた。

「磐城様、いつもお世話に——」

が、挨拶の言葉が途中で途切れた。

「これ、お爺さまに納車した車ですよね」

「ええ、ちょっとウチの馬鹿息子が乗って歩いて。昨晩、出先でエンジン掛からなくなっちゃったんで、今、回収に行ってきたところなんですよ。そうしたら普通に動くし、もう何だか分からなくてやんなっちゃう」

磐城さんが困惑の混ざった笑いを浮かべる。

が、社長の愛想笑いは消えていた。３ナンバーを凝視したまま、言った。

「あー……この車、点検しましょ」

「え、あ、はい」

「早いほうがいいですよね。すぐにやりましょ。草野君、草野君、悪いんだけど神棚のアレ取ってきてくれるかな」

ディーラーの営業は言われてピンときたのか、すぐに事務所の奥に飛んでいくと両手に社長の言う〈アレ〉を持って戻ってきた。

右手には一升瓶に入った日本酒。

左手には食塩の袋。

社長は一升瓶の蓋を開けると、３ナンバーのタイヤにそれをざばざばと掛け始めた。

一通り全てのタイヤに酒を掛け終えると、今度は食塩の袋を破って同じようにタイヤにまぶし始めた。相撲取りが力塩を撒くような要領で、やはり同様に全てのタイヤに塩を振り掛けた。

まるで何かの儀式のようだった。

後は、特にボンネットを開けてエンジンの様子を見るでもなく、ステー周りをウエスで拭って綺麗にしたくらいだ。

営業が社長に命じられて試走に出かけていったが、暫く工場の周囲を走り回った後、何事もなかったかのように戻ってきて報告した。

「エンジン、ハンドル、電装品類他、特に異常はありませんでした」

そうでしょうそうでしょう、と社長は目を細めた。

「今日の〈点検〉はサービスで結構ですよ。部品交換も工賃も発生していませんしね。ただ……言い難いんですが、タイヤは交換したほうがいいと思いますよ。いや、交換しないと駄目ですね」

社長は厭に強い口調で言うので、磐城さんも気になった。

腰は強いが、常連に売らんかなビジネスをする人物ではない。

「何故です？」

「うーん、説明が難しいんですが……行ってはいけない場所で、踏んではいけないものを踏んでいるからです。タイヤの交換、なさいます？」

タイヤ交換は即断即決した。

「で……こないだの水ヶ峠の話はどうなったの」

先日の磐城さんのただならぬ様子が気になった太田さんは、心配半分興味半分から事の顛末(てんまつ)を訊ねた。

「まあ、ね。結局、ディーラーに頼む工賃もったいないからって言って、うちの旦那と舅(しゅうと)と二人掛かりでタイヤ交換してたわよ」

タイヤ代は息子の規之君にツケ回しされることになった。

「バイト代から月々弁償しなさい」

と申し渡され、素直に弁済に応じている。

「それでも何事も起きなくて良かったじゃない」

「まあ、ね。タイヤ替えてからは絶好調なんだけど……」

磐城さんは、一つだけ気になっていることがある。

タイヤ交換をするハメになったことについて、3ナンバーの持ち主である舅は件の3ナンバーが工場から戻ってきたその日のうちに、トランクにある工夫を施した。

「何だかね、トランクの中に小さな鏡を貼り付けてるのね」

〈お義父さんそれなんですか〉と何度問うても舅ははっきりした答えを返さない。

「まあ、何ともないよ。何も憑いてきていないし。何でもないけど、まあ念のためな」

箱の上

買い物へ行こうと思った。

鍵と財布だけをジーンズのポケットに突っ込みながら、エレベーターのボタンを押す。

箱が上がってくるのを待ちながら、扉の真ん中の透明なガラスの向こうを何とはなしに眺めていた。

その視界に突然、黒いおかっぱ頭が入ってきた。小さな顔に細い首、白いノースリーブのワンピースが順にせり上がって通り過ぎていく。

小学生ぐらいの少女がエレベーターの箱の上に座っていた。

あまりに吃驚（びっくり）したので怖いという感情が何処かに飛んでしまい、この寒空に何でノースリーブなのかと、そればかりが気になって仕方がなかった。

それは人には長過ぎる

貴和子には四歳年上の兄がいた。

真面目で人当たりの良い兄は、誰にでも好かれる男だった。大学時代は地元を離れていたが、長男として家を継ぐために大学を卒業後は帰郷して、地元の企業に就職した。

その数年後に、お見合いで結婚し、実家の敷地内に新居を建てて新婚生活をスタートさせた。

それと時期を同じくして、貴和子にも結婚話が持ち上がった。短大を卒業して勤め始めた会社で、上司から男性を紹介されたのだ。トントン拍子で結婚まで進んだ。

それから二年は何の問題もなく穏やかな生活が続いた。

兄の二回目の結婚記念日が過ぎた。その数日後、兄夫婦の結婚生活は予告なく終わりを迎えた。妻が自分の必要なものだけを持って不意に家を出たのである。

それは正に青天の霹靂(へきれき)というべきものであった。前日まで大きな喧嘩があった訳でもない。家を出るような気配すらなかった。

兄が帰宅すると、リビングのテーブルには妻のサインと印鑑の捺された離婚届、そして便箋に書かれた置き手紙が残されていた。

「ごめんなさい。あなたよりも大切な人ができました」

便箋には几帳面な文字でそう書かれていた。

調べてみると預金通帳やカードの類も残っており、残高も減っていなかった。

妻の良心の呵責（かしゃく）によるものだろう。

当然、両親は激怒した。しかし裏切られた兄本人は淡々としたものだった。

兄の様子を見る限りでは、妻の不貞に気付いていた訳ではなさそうだった。

愛情がなくなったものは仕方ない。

目の前で土下座する妻の両親に対しても、責める言葉を掛けることはなかった。

ただ、自分が直接出向くのは辛いからと、離婚届の提出を依頼して帰らせた。

——人って、こんなに淡々としていられるものなのかしら。

横で見ている貴和子も驚くほどであった。

兄夫婦の仲は悪かった訳ではない。兄は妻のことを愛していた。少なくとも貴和子にはそう見えていた。

しかし、今の兄は淡々というよりも感情の起伏がないかのようだった。裏切られたショックという訳でもなく、何かに堪えているという訳でもない。怒りを感じているというのとも違う。

ただ当たり前のことが当たり前に起きたのだと捉えているようだった。

「仕方ないことってあるんだよ」

貴和子に対しても、一言ぽつりと言ったきりだった。

兄はそれ以降、元妻への恨みを一切口にすることはなかった。

静かに荷物の整理を終え、ただ淡々と結婚前の一人の生活へと戻っていった。

それから二カ月が経ち、今度は貴和子が思いもよらぬ形で結婚生活を終わらせることになった。夫の愛人を名乗る女から、家の留守を預かる貴和子に対して電話が入ったのだ。

電話の内容は、夫の子供を妊娠したというものだった。

それまで夫の浮気など疑ったこともなかった貴和子は激しく動揺した。

こちらは兄とは対照的に、正式に離婚するまで半年近く揉めることになった。

貴和子本人は子供もなかったことから割り切りも早かった。愛情のない生活を送るくらいならば、さっさと独り身に戻ってしまおうと決心していた。

しかし双方の両親から反対された。特に夫の両親が離婚と愛人の存在を受け入れることができないでいた。その愛人がバツイチで、連れ子がいるということに到底納得ができない様子だった。

しかし、最終的には弁護士の「一番辛い奥様の気持ちを考えましょう」という言葉に全員が従うことになった。

貴和子が実家に帰った数日後のことである。今度は父親が脳梗塞で倒れた。幸いに重篤なものではなかった。数カ月のリハビリを続けた結果、後遺症も左手の動きの自由が以前より利かない程度で済んだ。

仕事熱心な父親は、さほど大きな後遺症も残らなかったこともあり、すぐに仕事に復帰した。

だが、その直後に兄が倒れた。父と同じ脳梗塞だった。

兄はまだ三十代である。それまでの健康診断でも特にリスクを指摘されることもなかった。

幸いなことに、父の状態を看ていた母がすぐ気が付き、まだ意識のあるうちに救急車を呼んだおかげで生命に別状はなかった。右目の視力が酷く悪くなったが、他に後遺症は残らなかった。

ここへきて楽天的な母親が、おかしいと言い始めた。

息子と娘がそれぞれ離婚し、夫と息子が立て続けに脳梗塞を病んだことが余程のショックだったのだろう。

貴和子にも相談を持ちかけた。

「何処か信用できる拝み屋さんでもいればお願いしようかね」

「そうね」

「でもお父さんがねぇ……」

父親は頑なにそれを拒むのだという。

「気のせいだ、人間生きていれば悪いことが続くことはある。そこで悪いほうへ考えて自滅するか、大丈夫だと信じて乗り切るかの違いだ」

そう言い張って聞く耳を持たない。何処か憎めない父ではあるが、年齢のせいもあるのだろう。やけに頑なだった。

よく当たる占い師がいると知人から紹介を受け、母親と貴和子は父親には内緒で、その占い師に相談をした。

「家から離れた場所に建物が見えます。恐らく納屋だと思いますが、そこの井戸が勝手に埋められているようです。きちんと手順を踏まれていないし、作法も無視されているようです。これを放っておくと、今以上に大変なことになりますよ」

母親には心当たりがあるようだった。

占い師の言葉に、母親と貴和子の動きは迅速だった。

あの頑固な父親を説得し、父親の主導で井戸の埋め戻しをするには、相当の時間と労力を要するという判断からだった。それならば自分達でとりあえず井戸の神様へのお詫びをしようと方針を決めた。

母よりも熱心だったのは貴和子であった。

費用は結構な額になるはずだった。

「こういうときのために貰ったのよ」

そう言って貴和子は自分の離婚時の慰謝料を惜しげもなく注ぎ込んだ。何故かは分からない。そうしないといけないような気がしたからだ。

業者に依頼し、井戸の底の土や石を綺麗に掻き出して、再度井戸が使える状態にした。神事のために神主も手配した。

事情を聞いた神主は深く頷いた。

「どうなるか分からんけど、できるだけのことはしましょうなぁ」

母親と貴和子に同情したのであろう。神主はしっかりと神事を執り行ってくれた。

神事の席には兄と父親の姿もあった。

神主は、父親と同級生だった。

神事が終わり、作業に当たった業者と神主のために設けた酒の席がお開きになった。

帰り際、家族が見送りに出た玄関先で、神主が静かに訊ねた。

「あれ、おまえが埋めたんやろ？　勝手に。おまえはそんなことする奴じゃないのに、一体何を考えてやった？」

父親がやはり静かに答えた。

「うちの土地の井戸じゃ。そこに神様がいるかどうかは儂にだって分かる。あそこに神様がいないことが分かったから埋めたんじゃ」

神主はそのやりとりの後で、何も言わずに帰っていった。

ただ翌日に母親あてに神主から電話があった。

「身の回りに気を付けること。特にお兄さんの体調は細かい変化も見逃さないように」

神主は理由を言わずにそう告げると電話を切った。

それから半年ほどは静かな日々が続いた。

その間に貴和子には交際相手ができた。ちょっと頼りない部分もある相手だったが、勢いとタイミングが良かったのだろう。トントン拍子で結婚まで話が進んだ。

もちろん彼には最初にバツイチの話はしてあったが、それは大した障害にもならなかった。相手の両親の反対もなく、スムーズに結納、入籍、結婚式までを終えた。

結婚後すぐに妊娠が発覚した。

それと同時に夫が宮崎に転勤になった。

貴和子は妊娠初期の大事な時期ということで、そのまま安定期を迎えるまでは地元で暮らし、落ち着いてから引っ越すということに決めた。

感謝を胸に単身赴任を選んでくれた夫を見送った。

しかしその数日後、兄が二回目の脳梗塞で倒れた。二度目の発作は職場でのことだった。初めて倒れたときから兄は食事にも生活にも気を遣い、極力健康的な毎日を送っていた。それが幸いしてか、今回も生命は助かった。しかし足に重い後遺症が残った。

リハビリにも懸命に励んだが、短い距離ですら杖がなくては歩けない状態が続いた。このままでは、杖を使っても家の周りを歩くことくらいしかできなくなる。

実家の家族を心配する貴和子の心情を思いやってか、夫は出産まで実家で過ごすことを提案してくれた。

兄は貴和子に〈申し訳ない〉と繰り返したが、家族も周囲もそれが一番だと考えた。

貴和子が元気な男児を出産する頃、兄は根気よく続けたリハビリの甲斐もあって、杖を突きつつ数分の場所にある店舗にも歩いて往復できるようになった。格段の回復である。

兄の仕事はＰＣを使っての在宅仕事であった。

できるだけ自分の身の回りのことは自分で始末する。

そんな兄の性格からか、同級生や元の仕事仲間からの仕事の誘いも途切れることなく、また何かと手助けしてくれる人も多かった。

出産を終えた貴和子が、子供を抱いて宮崎に移る頃には、自動車メーカーに勤務する幼馴染に相談して、兄は手だけでアクセルもブレーキも操作できる車を購入した。

貴和子は自分の兄ながら、彼のことを凄い人だと思ったという。

兄は杖がないと歩くこともままならない。しかし、決して引き籠もらずにどんどん外に出るのだ。足が動かないのなら、その動かない足でできることをする。

兄の周囲にはいつも誰か友人が一緒にいた。

屈託なく会話し笑顔を見せていた。

その姿を見るたびに、強い人だなと思った。

貴和子は兄の様子が落ち着いているのを見届けて、夫の待つ宮崎に移り住んだ。

貴和子が宮崎に渡って四年が経った。腕白に育った息子と、頼りないのは相変わらずだが穏やかな夫との三人の生活は平穏そのものだった。

そんな中、第二子の妊娠が判明した。

息子の入園した幼稚園関係の知り合いができたとはいえ、宮崎には親身になって頼れる身内はいない。好奇心の塊のような四歳児の面倒を見ながらの妊娠出産は厳しいだろうと考えていると、夫からの提案があった。

「おまえが良ければなんだけども、安定期に入ったら、出産して落ち着くまでは実家に戻って生活するというのはどうだろう」

「それは実家なら安心できるけど……本当にいいの？」

「ああ、大丈夫さ。前だってそうしただろ？　お母さんも現役だし、ちゃんと落ち着くまではおまえが楽できるほうが安心だよ」

身体が落ち着くまでは、小さい子供二人を抱えて面倒を見るのは無理だろうという判断だった。上司からも勧められたらしい。

確かに実家に帰れば母がいる。有り難い提案だった。

「甘えてもいいの？」

「何言ってんだ。ちゃんと元気な子供を産んでもらわないとな」

夫の優しさが嬉しかった。

宮崎から実家への移動の方法を考えていると、兄が車で迎えに行くよと言ってくれた。

「子供と一緒に妊婦が乗り物を乗り継いでは厳しいだろう」

「長距離の運転だよ。大丈夫なの？」

横から母が大丈夫よと太鼓判を捺してくれた。

「あたしも一緒に行くから。ちゃんと無理しないように休憩取らせるから大丈夫よ」

兄は特注車に母親を乗せ、一日掛かりで宮崎までやってきてくれた。

兄が迎えに来てくれたのを一番喜んだのは息子であった。今まで帰省のときに数えるほどしか会ったことがないはずの息子が、大喜びで兄にしがみついた。彼は生まれつき兄のことが大好きなのだ。とにかく普段から伯父のことが誰よりも好きだと言っていた。実の父母よりも好きだというのだから、両親ともに苦笑いをするしかない。

ともかく兄の運転で時間を掛けて実家まで帰った貴和子は、体調を崩すこともなかった。

兄も特に疲れた様子はなかった。

暫くは実家で穏やかに過ごせる。そう思った矢先に再度父親が倒れた。

今度も発見は早かったが、後遺症により車椅子の生活を余儀なくされた。

ただ父親は年齢的なこともあったので周囲も仕方がないと納得していた。

本来の父親の性格ならば、自由にならなくなった身体を持てあまし、暴言を吐くことも想像できた。しかし溺愛する孫が側にいるおかげか、たまにイライラすることはあっても好々爺（こうこうや）の様相は崩さないでいた。

貴和子は宮崎に戻れるだろうかと心配していた。しかし、ヘルパーや周囲の手助けもあり、家族は新しい生活にも少しずつ馴染んでいった。両親と兄の三人で生活を営んでいけると確信できるようになった頃、貴和子は二人目の男児を出産した。

標準より少し小さめではあったが産声は標準以上という元気な赤ん坊だった。

二人目の子供の首が据わる頃に、貴和子は二人の子供を連れて宮崎に戻った。

実家の生活も思いの外に上手く回っていた。母の力だけではない。ヘルパーを始めとした周囲との繋がりが良かったからだ。

しかし、父のことも兄のことも心配である。貴和子もできるだけ帰省するようにした。

二人の子供を連れて実家に戻ると、ぱっと明るくなったようだとよく言われた。

これに関しては夫の理解が有り難かった。

二人の子供はすくすくと成長した。

しかし再び不幸がやってきた。

長男が小学校の高学年になろうというとき、夫が職場で倒れた。くも膜下出血だった。

そのときは一命を取り留めたものの、結局は数カ月の闘病の後に再出血を起こし、夫はあっけなく逝ってしまった。

残された貴和子は夫の葬儀を執り行った。四十九日の法要を済ませた後で、二人の子供を連れて実家に帰った。

環境が変わったことが原因で、長男が一時的に不登校になったりはしたが、伯父である兄が長男を受け止めてくれた。そのおかげだろう。少しずつ元気を取り戻した。

貴和子も仕事を見つけることができた。マンションの管理人の仕事である。定時で帰宅できるため、まだ幼い子供を抱えている身にも務まることが有り難かった。

これで何とか落ち着いた生活を送ることができると思っていた。

だがその矢先、今度は兄が亡くなった。本当に突然のことだった。

兄は亡くなる前の日の夕方にも散歩に出ていた。

帰宅した折に、散歩中にちょっと転んでしまったと言っていた。ただ、それで何処かを打ったという訳ではない。すとんと腰から落ちた感じだったと言った。

「変な転び方だし、病院で診てもらったほうが良いんじゃない？」

「そうだね。明日にでも行ってみるよ」

そんな会話をした翌朝、起きてこない兄を起こしに行くと、既に事切れていた。

兄の人徳なのだろうか、葬儀には多くの人が参列した。同級生や仕事の関係者、接触は多くなかったはずの貴和子の同級生までもが別れを惜しんでくれた。

それだけ人に愛された息子を失った両親の嘆きは並大抵のものではなかった。

特に父親は一週間ほどの間に体重が激減し、周囲からも疲れ果てた様子が心配されるほどであった。それでも孫の姿を見ては、まだしっかりと生きなければならない、ここで踏ん張らねばならないのだと悲しみを堪えていた。

兄が亡くなって以来、貴和子とその二人の子供は、毎晩の夕飯を実家で両親と一緒に摂るようにしていた。

頃合いを見て実家に引っ越すことも考えなければいけない。

今はまだ母親が元気で、父親の面倒を見てくれている。

しかし今後何が起こるか分からない。

今住んでいる場所からも徒歩十分程度の距離なので子供の転校などの必要はない。

「お兄ちゃんの家もそのままだし、これから先のことも考えないとね」

母親と何度かそんな話をした。

そんな折、次は父親が亡くなった。これも突然のことだった。死因は動脈瘤破裂である。

日曜の朝、前日から泊まっていた孫達と遅めの朝食を摂った直後に、そのまま発作を起こして亡くなったのだ。

あたふたする周囲とは対照的に貴和子も母親も落ち着いていた。

今まで二度の脳梗塞を経験していたこともあって、いつ何が起きても不思議ではないと覚悟は決まっていたからだ。

「仕方ないことってあるんだよ」

あのときの兄の言葉が近くに感じられた。

「しかし、我が家の男達はみんな早死にしてしまうねぇ。やっぱり井戸の件といい、何かあるんじゃないかしら」

母がぽつりと言った。

残されたのは母と貴和子、そして貴和子の子供達。

以前の神主の言葉も気になった。


父親の死後暫くして貴和子は、ある霊能者の元を訪れることになった。

高齢の女性の霊能者で、抜群に当たると評判の人物であった。

今回の相談は、兄の死や父の死には全く関係のない件についてだった。

相談を終え、これからどうするべきかのアドバイスを受けた後で、その霊能者が話すべきかどうか迷った表情を見せながら口を開いた。

「これから話すことは既に終わっていることだから、あなたは何もすることはないし、何かしたら却って大変なことになる。だからこれは聞き流してくれれば良いこと」

「はい」

「ただね、あなたのお兄さんのためにも、あなたの家に起きた不幸なことは、実はこういうことだったんだ、という大元を話しておくべきなのかなって思うの」

その言葉に貴和子は驚いた。

父親が亡くなったことは話してはいたが、兄がいたことや、家に不幸が続いたことなどは、話していなかったからだ。

「あんたのお父さんの家は古い農家さんだよね。かなり作地を持っていたし、何より水場を持っていた家だった。そうだね」

霊能者はそう言うと、ごほんと咳払いをした。

確かに父の元気だった頃は、貴和子の実家は古くは農業を営んでいた。海に近い地域で、真水の確保には確かに苦労させられる土地だ。それでも我が家では水に苦労したという話は聞かない。

「あんたは多分知らないと思うのだけど、あんたの家から歩いて少し行ったところに小さなお社のあるこんもりした山がある。その裏手に、もう稲作にも畑にも使われてない田圃の跡がある。恐らくあんたのお父さんは、若い頃にはそこでもち米を作っていたと思うんだけどねぇ――」

何を見るでもなく、霊能者はそう言った。彼女にはその光景が見えているのだろう。

――その田圃はちょっと変わった形になっていて、菱形に近い形をしていた。

田圃の横には清水の湧き出る泉があった。

湧き出る清水を引き、周辺の狭い土地を耕してもち米を作る。

もち米と普通の水稲（すいとう）の花粉が交わるのを嫌って、もち米を作る田はわざわざ離れた場所を選ぶのだ。

しかし、時代の流れもあり、次第にもち米は作られなくなった。あんたのお父さんもその土地で農業をすることを断念した。

その頃には湧水の量も昔に比べたら減っていた。最盛期の半分ほどの水量になってしまっていた。

そしてあんたのお父さんはその水場を埋めてしまったんだ。

もう二十年近く前の話だよ。あんたは覚えていないかもしれないけどね――。

それが家に災いが続いた原因だと霊能者のお婆さんは告げた。

原因は井戸ではなかったというのか。占い師や神主さんが気にしていた井戸はどうしたというのだろう。

「実はね、その水場は若い龍神様が山のお社にやってくるときの休憩所になっていたのさ。あんたのお父さんはその休憩所を潰してしまったんだ」

貴和子は自分の体温が下がっていくような気がした。恐怖で身体が小刻みに震えた。

「龍神様はそれはそれは怒ってね。あなたの家に続いていた水神様を引き上げることにしたんだよ。あんたの所には、その水神様がお休み処にしてた井戸があったはずだ。そうだね。これも家とは別の場所にある」

「その井戸は」

私と母で――。

「龍神様は本当に怒ってらしたから、水神様を引き上げるのにわざわざお父さんを使った。この井戸、お父さんが自分で誰にも相談なく埋めてしまっている。そうだろ？」

貴和子は頷いた。何も言っていないが、全て見通されている。

「龍神様に操られてね。これを埋めるようにさせられた。お父さんも訳が分からないままそうしたはずだ。罰だよ。井戸の神様の怒りがお父さんに向かうようにしたんだ」

占い師も、神主さんも、龍神様のことまでは分からなかったのだ。

龍神様の怒りで、井戸の神様が家に祟った。

「あなたとお母さんが井戸を元に戻したのは良かった。これで龍神様はある程度の時間を与えて下さったんだ。お父さんが自分の仕出かしたことをちゃんと思い出すかどうかを試す時間を下さったんだ」

――父は一度としてそこに思い至ることはなかった。

「でも駄目だった。お兄さんはそれまでに何度も身体の自由を奪われた。次は娘のあなたの番。だからあなたが苦しむように旦那さんの命も取っていった。本当を言えば次は子供さんの番だ。でもこれはお兄さんが代わってくれた」

――兄が。兄が子供達の身代わりに。

「あんたのお兄さん、何処かで願を掛けてたみたいだね。大元の話は分かってなかったけれど、お父さんの因縁だっていうのは気が付いてたようだ。だから自分が代わろうと決心していたんだ。龍神様はあんたと子供達、そしてお母さんの身代わりになるというお兄さんの願いを受け入れてくれた」

――あの子達の身代わりになって、兄が。

「それで最後がお父さん本人だったんだ。もう逃れようはなかった。残念だけどね」

父が倒れたのは、兄が二度目に倒れてから四年目のことだった。

もう少し期間が短ければ、気付いてどうにか対処をしようと思ったのかもしれない。

父に何か心当たりがないかと詰め寄ることもできたかもしれない。

でも、人間にとってその時間は長過ぎる――。

後日、母の記憶と役所での登記簿を頼りに近所の山の中を歩き、父の耕していたという田圃跡を捜し当てた。

確かに霊能者に言われた通り、直径三メートル程の土の湿った部分があった。かつてはそこに湧水が湧いていたのだろう。はんのちっぽけな泉だったのだろうが、真水が出る水源はこの地方では貴重だったはずだ。

兄、夫、そして父の三人は、龍神様の逆鱗に触れて、生命を取られてしまったのだ。

既に終わっていることだから、あなたは何もすることはないし、何かしたらかえって大変なことになる――。霊能者の言葉が身に染みた。

もしもっと早くに気付いていれば。いや、もう何もできないし、してはいけないのだ。

全ては後の祭りなのだ。後悔しかできないのだ。

でも――。

そうだったとしても、人間にとってその時間は長過ぎる――貴和子は心の中でそう繰り返した。

バニラ

バブルが弾ける半年くらい前、地方公務員だった玄葉君は、築何十年だか分からないくらいのオンボロの独身寮に住んでいた。

「とにかく壁が薄いんだよ。隣の部屋の物音とかダダ漏れで」

部屋の壁は薄く隣室の物音が筒抜けになるため、個室になっている意味が全くない。

女連れ込むどころじゃないですよね、と訊ねると、

「それが猛者がいるんだよなあ」

彼女を連れ込んだり、或いは風俗嬢を呼び入れたりするらしい。

そういうときは大体事前に示し合わせというか、予告のようなものがあった。

「今夜は女連れ込むから」

何しろ壁が薄い。連れ込んだ女とコトを始めてしまうと、周りの部屋はその閨事（けいじ）の音でうるさくて眠れないので、両隣と上の階の住人は静かな部屋に避難する。

「羨ましいんだけど、遠慮してやるんだよね。暗黙の了解で」

いずれ自分も女を連れ込むかもしれないから、野暮な文句など言わないのがマナーであり、この独身寮の伝統であったらしい。

この日、玄葉君は課の飲み会でしこたま泥酔しており、遠慮を忘れて自室で寝入ってしまった。

夜半遅く、遠くから吐息と嬌声が聞こえてくる。

——はぁっ、はぁっ、はぁっ、
荒い息遣い、そして尻に股間を打ち付けるぺちぺちという貼り付くような打撃音。

褥をもそもそと蹴る衣擦れの音。

酒が回ってぼんやりした頭に、じわじわと状況が染みこんできた。

薄い壁一枚隔てた向こうで、隣人が女とセックスをしている。

(ああ、くそ。ヤってたのか)

睦事の物音に耳を欹てているうちに段々意識がはっきりしてくる。

そうなってくると、もうその音が気になってしまって眠れない。

しかし、寝ようと決意をするほど眠気というのは去っていくもので、なかなか寝付けない。

にちゃにちゃという液体が粘り着く音ばかりが気になる。

(——眠れん!)

と、寝返りを打ったとき、鼻先に熱を感じた。

思わず目を開く。

眼前にあったのは女の尻である。

丸みを帯びてつややかで、汗でしっとりしている。

尻から伸びた足は長く、背中も汗でてらてらと濡れている。

小麦色の肌には、当時流行っていたレイヤーカットの長い髪が貼り付いている。

全裸の女は、玄葉君に背中を向けて、ぺたんと腰を落としているのだが、その腰が盛んに動いている。円を描くようにグラインドを繰り返している。

まるで誰かの上に跨って……そう、これは騎乗位だ。

最前まで聞こえていた小さな喘ぎは、隣室からではなく部屋の中からだった。

部屋を間違ったのかと思った。

もしそうなら、この女の下に隣人が横たわっているはずだ。

しかし、女の股間の辺りには誰もいない。確かに玄葉君の部屋で間違いないのだが、いつから入ってきたのか全裸の女が延々腰を振っている。

（……なっ、これは……どっから入ってきた？　おすそ分けか？　俺もやっていいんか？）

玄葉君はこのときどうしても女の尻に触りたくて仕方がなかった。

そっと右手を伸ばし、張りのある尻にあと数センチで指先が届く。

——というそのとき。

〈パジジッ！〉

右手に痛みが走った。弾かれたというより、感電したような衝撃が玄葉君の指を弾く。

思わず手を引っ込めたのと同時に女の姿は消えた。

その間際、ふわっ、とバニラのような香りがした。

「隣に影響されたにしたって、なんて夢だ。溜まってんのかな」

そう納得しかけた数日後。玄葉君は再び真夜中に目を覚ました。

衣擦れとささめく喘ぎ声。

誰かが女を抱いている。

（おいおい、今日は平日だぞ。連れ込むなら事前に一言あるのがマナーだろうが）

眠い目を擦って不機嫌に瞼を開いた玄葉君の視界に飛び込んできたのは、たゆんたゆんと揺れる小麦色のおっぱいだった。

うっすらと額に浮かぶ汗、そこに貼り付いた後れ髪、喘ぎ声。前回は見えなかった顔も可愛かった。

そして、やはり見えない何かの上に跨がって、肩と腰を揺らして騎乗位を楽しんでいる。

「も、もう堪らん」

玄葉君は前回は女の尻に伸ばした右手で自分の股間を握り締め、コキ始めた。

玄葉君はそれから、自分の部屋の布団に潜り込んで待機するようになった。

夜半過ぎ、浅い眠りから彼を引きずり戻す衣擦れが聞こえる。

（……始まった！）

――はぁっ、はぁっ、はぁっ、
荒い息遣いが聞こえる。

声の主はもう分かっている。

全裸の女、である。

健康的な小麦色に焼けた肌。

一糸纏わぬ素肌は上気している。

撓わに熟れた張りのある乳房は、グラインドする剥き出しの股間の動きに釣られてリズミカルに揺れている。

女はぺたんと下ろした腰を盛んに振っている。股の辺りには何もないのだが、騎乗位を楽しんでいるかのように見える。

盛んに腰を振ってエアセックスをする様子を見せつけるこの女は、彼女が満足して果てると同時に消えてしまう。

初めて目撃した晩は、ヤりたい気持ちが昂じて夢でも見ているのかと思ったのだが、それから彼女は週に二～三回程度のペースで頻繁に現れるようになった、という訳だ。

壁の薄いオンボロ寮であったので、自分の部屋に女が現れて喘ぎ声を上げようものなら、上下左右の隣人に気付かれてしまうのでは、とも思った。

しかし、彼女がどれだけ激しく腰を振ろうが、イク瞬間に堪えきれなくなって細い悲鳴のような喘ぎを叫ぼうが、不思議と隣からクレームが出ることはなかった。

女は現れるたびに大胆になった。

その豊満な乳房を自ら鷲掴みにして揉みしだく。乳首の先を抓みあげる。

空いた左手の指先を、股間に捩じ込んで秘部をこねくり回す。

その間もずっと腰を振り続けているのだが、時折腰を振るのを止めてM字に開いた股間を突き出した。茂みのないパイパンを自らの指で大きく開いてみせる。

玄葉君はそれを見てコイた。

夢中になってひたすらコイた。

玄葉君はさながら猿のようにコキ続けた。女は、女自身が満足して果てると同時に掻き消すように消えた。これもいつも通りだった。


女が現れるようになって二カ月が過ぎた。近頃はすっかり慣れて、女が現れるのを心待ちにするほどになっていた。女は現れるたびにサービスが過激になっていった。

そんなある晩のこと。

いつものように彼女がいた。いつものように喘ぎ声を上げながら盛んに腰を振っている。

ただ、いつもと違うのは玄葉君に背中を向けていたことだ。

背中と尻を見るのは最初に現れたとき以来なのだが、その背中にむしろそそられた。

自分の陰茎を握るだけでは満足できなくなっていた玄葉君は、彼女の背中にむしゃぶりついた。

小さな肩を、うなじを、細くくびれた腰を、そして柔らかな尻を。

しかし、玄葉君がそれに触れることは叶わなかった。

彼女の身体に触れたと思った瞬間――。

〈パジッ。パジジジジッ！〉

全身に痛みが走った。

最初に彼女に触れようとしたときは右手が弾き飛ばされたが、今日は全身が吹き飛ばされた。反動で反対側の壁まで吹き飛んで、壁に叩き付けられたのだ。

その瞬間、女は消えた。

「何だ！　どうした！」

壁が抜けんばかりの大きな音に、隣室の住人を始め、寮住まいの同僚達がわらわらと集まってきた。

「何か爆発したのか！」

玄葉君は慌てて、「立ちくらみがして、ふらついて倒れたんだ」と言い訳して、事なきを得た。

「実は、彼女に抱きついた直後に俺の陰毛が全部焦げちゃったんだよ。翌朝んなったら、今度はその陰毛が全部抜けちゃってて……」

その後一年ほどはパイパン状態が続いたため、女も買えず彼女も作れず悶々とした日々を過ごした。

この晩を境に彼女は二度と現れなかった。絶好のオカズが消えたことは玄葉君を酷く落胆させた。

そういえば彼女に抱きついたとき、やはりバニラの香りがした。

以来、玄葉君はバニラアイスを食べられなくなったのだという。

「バニラの匂い嗅ぐと彼女を思い出して……勃っちゃうんだよね」

あんた誰？

不景気な時代には公務員というだけで高待遇のように聞こえるものだが、実際にはそれほどでもないのだという。景気が良いときも待遇は大して変わらないから、景気が良くなってくると、今度は公務員の低待遇が誹り嘲りの対象になったりする。

平成に入ってから続いていた長い不景気の間は、寮の整備された地方公務員を羨む声も多く聞かれた。

もっとも、「昔からあり、ずっと使い続けられている寮」の類というのは、果てしなく老朽化した物件が多いので、それほど羨ましい待遇という訳でもないらしい。

また、そんな老朽物件ともなると防犯上の問題などが起きてくるため、公務員寮とされるものは男性寮に偏っていて、女性寮というのはあまり多くないのだそうだ。

一方、女性公務員には寮に準じるものとして家賃保証、家賃補助が出る場合がある。

もちろん、あまり広い部屋、高い部屋には補助は適用されないが、独身が独り暮らしをするのに足る1DK程度のアパートやマンションまでであれば、寮同様に住まいの費用の負担が行われる。

新卒で地方公務員になった水樹さんも、役所の近くに手頃な1DKマンションを見つけて、そこに入居した。

このマンションは築年数もさほど古くなく、周囲の環境も悪くない。

何より、女性専用賃貸物件なので他の部屋の住人も女性ばかり。不審人物の侵入に備えたセキュリティも安心できそうだった。

ただ、別に公務員寮として役所が一括で借り上げている建物という訳ではないので、公務員以外の一般のOLや学生などの姿もちらほらあった。

仕事や年齢がそれぞれ違っても、都市生活する独身女性の生活サイクルはさほど大きくは違わないので、出勤時や帰宅時に廊下やエレベーターで顔を合わせる機会も多い。

それぞれ皆、慎ましやかに暮らしている女性ばかりである。

水樹さんの隣室はOLらしき二十代後半の女性だった。

彼氏とのデートでもあるのか、時折、不在の晩もある。

このとき、決まって隣室のドアをノックする音が聞こえてくる。

――コンコン。

昨今一般的になったオートロック付きマンションは、訪問者が勝手に入ることができない。施錠されたエントランスから入居者の部屋を呼び出し、そこでロック解錠されてから入居者の部屋へ向かい、そこで再びノックをするなどして初めて入室が許される。

隣室がノックされているということは隣人が部屋からロックを開けたことになるのだが、隣人は不在である。帰宅時、水樹さんが隣人の部屋の前を通り掛かったときに、廊下側から見える室内の明かりが消えていたのを覚えている。

——コンコン。コンコン。

続けてノックする音。考えられるのは、他の部屋を訪ねるつもりの訪問者が、部屋を間違えたということだ。部屋番号を覚えているのに階数を間違えるというのはよくある。

外廊下に近いダイニングキッチンのシンクで洗い物をしていた水樹さんは、手を止めて廊下に出た。

「お隣さんは今日はお留守ですよ」

顔を出しながらそう声を掛ける。

が、誰もいない。

今このタイミングで諦めたのだろうか。

部屋に戻って洗い物の続きを始めると、またノックが聞こえる。

——コンコン。コンコン。コンコン。

執拗に続くので、その都度何度か廊下に出てみるのだが、廊下に出るとノックは止む。

もちろん誰もいない。

これが、隣人不在のときにばかり狙ったように起きる。

隣人は際立って特徴がある訳でもない、普通の若いＯＬである。

水樹さんとは朝、或いは帰宅時などに挨拶をするくらいの間柄である。言葉使いも身だしなみや仕草も、これといって特徴のない十人並みの人物だ。

部屋で騒ぐ訳ではないし、ゴミ出しで揉めたこともない。男を連れ込んでいる、というようなこともなく、至って静かな暮らしぶりである。

ただ、週に一度くらい奇行がある。

夜、自室の玄関前で誰かに話し掛けている。

「……あんた誰？」

別室を訪ねる訪問者と出くわしたのかと様子を窺うと、隣人は自分の部屋の前で鍵も開けず佇んでいる。

「ちょっと、あんた誰？　私の部屋に何の用？」

誰かを咎めている様子だ。口振りからすると、見知らぬ訪問者とトラブルになっているように聞こえる。

「……とにかく、用事がないなら帰ってよ。もう来ないで」

他の部屋を気にしてか声量は控えめだが、強い口調で命じる。

独り言の類ではない。

ひとしきり押し問答のようなやりとりがあるのだが、聞こえるのは隣人の声だけでそれに抗う誰かの声は一切聞こえない。

不法侵入者を詰っているようにも聞こえる。

十分程そうした緊迫が続いて、それから隣人がドアを開けて自室に入る。

水樹さんが入居してから、隣室の例のノックとこの隣人と誰かのやりとりはずっと続いていて、真相が非常に気になる。

だが、隣人とはそこまで親しい間柄という訳でもないので、一体何があったのかなどを訊ねる機会もないままである。

スカルファック

心霊体験の類は、人生一度だけという人と何度も何度もという人で、自分の体験や目撃譚に関するリアクションが異なることが多い。

これまでの取材経験で言うと、人生一度だけの体験は当人にとってはインパクトが絶大であるためか、「凄い体験をした！」と興奮気味に訴える。

一方、心霊体験が日常になってしまっている人はリアクションが薄いというか「よくあることだから」「そのあと大きな展開とかないから」と淡泊である。

であるので、これも日常系の彼らにとっては大したことのない話。


道行く人が〈何か〉を連れて、というのはよくある話である。

ちょっと距離を置いて後を付いていったり、隣に黙って立っている控えめな者。

腕にぶら下がって恋人気取りな者。

ポジションとしては「背中に負ぶさって」が一番人気であるようで、背負われて連れられている者は結構多いらしい。

喜多村さんが見たそれは、意外なところにいた。

人間のほうは、二十歳前後の青年である。

ちょっとイケメンかな、というところを除けばこれといって特徴がある訳でもない、十人並みの男子。

彼はやや、というかかなり年上のおばさんを連れていた。

年齢から言えば母親くらいと言っても過言ではなかろう。

どうやらおばさんが青年をいたく気に入って取り憑いている様子である。執心、執着と言っていいレベルの入れ込みようだ。

風貌に共通点などは見当たらないので、血縁ではないだろう。

で、おばさんはどのポジションにいたのかというと、彼の頭の上にいた。

頭上に立っているのではなく、おばさんの身体が青年の頭と重なっている。

丁度、「等身大のおばさん型リアル人形」の股の辺りを、帽子に見立てて被っている状態である。

おばさんの股間に頭を突っ込んだ青年は、己の異態には当然気付くことなくその辺をうろうろしている。

喜多村さんは、とにかく笑いを堪えるのが大変だったらしい。

一部始終

この日はよく晴れていた。

気温はやや汗ばむくらい。

風通しが良いとは言えない百貨店のバックヤードは、少し熱が籠もっていた。

通りに面した窓なのではめ殺しになっていて、窓の外に吹いているのであろう涼しげな風を入れる余地は残念ながらなかった。

アルバイトとして入っていた女子大生の茅野さんは、額に薄く浮いた汗をハンカチで押さえた。

彼女は苦学生ではない。

家柄も育ちも良く、これまで何不自由ない暮らしをしてきたのだが、大学入学を機に社会勉強を兼ねて働いてみようと思ったのだ。

「危ない仕事でないなら問題はない、やりなさい」と両親の許諾も得た。

仕事は難しくはなかったが覚えることが多く、バックヤードにやってくるときが数少ない息抜きにもなっていた。

建物は一部が前の通り側に張り出した構造になっていて、バックヤードの窓からは同じ百貨店の屋上と壁面が見える。

「この窓が開いたら涼しいだろうなあ……」

彼女は独りごちて窓から見える快晴の空を恨めしげに思った。

屋上はさぞ涼しかろう。

と、そちら側を見上げたそのとき。

何かが屋上から宙に舞った。

そのまままっすぐに転落していく。

売り出しの段幕か何かに触れたりもした。

壁面の何処かに当たったのか途中で体勢が崩れて、それは地面に叩き付けられた。

茅野さんは、当初サンドバッグか絨毯をロール状に巻いたモノか、もしくはマネキンの類が落下した事故なのでは、と思った。危ないなあ、くらいにしか思わなかった。

しかし、落下地点を見下ろして息が止まりそうになった。

百貨店のエントランス前広場に、赤黒い塊が落ちていた。

人間の身体というものはその七割が水分であり、薄皮と脆い筋肉で折れやすい骨を包み込んだ水風船のようなものである。

このため高所から落下した場合、落下の衝撃で身体が破裂してしまう。

アスファルトに顔から落ちていったときなど悲惨なもので、落下の衝撃が真下には逃げていかないから顔は真っ平らに潰れ、割れて破裂した隙間から頭蓋の内容物がはじけ飛ぶ。

途中、壁にぶつかった折に手足は折れたのだろう。皮一枚残してもげる寸前である。

破れた衣服と割けた腹の合間から、腸、胃、肝臓と思しき臓器が零れている。

そして、手足はのべ四本ずつあった。

もう一人、巻き込まれた者がいたようだ。

バス停近くである。恐らくバス待ちをしていたのだろう。

頭上からの落下物に気付こうはずもなく、また自分に何が起きたのかを知る由もなかったに違いない。

服装からどちらも女性だろうということはすぐに分かったが、そんなことはどうでもいいことだった。

茅野さんの見下ろす先にある二人は、いずれもぴくりとも動かなかった。

野次馬の悲鳴も救急車の音も、はめ殺しの窓の内側に聞こえてくるはずもなく、肉塊の周囲を取り巻いて集まる野次馬の群れが、道に落とした真っ赤なお菓子にたかる蟻の群れのように見えた。


衆目の前で起きたあれほどの自殺事件であったにも拘わらず、殆どニュースにはならなかった。

ニュースにならない事件はその場に居合わせなかったものにとってなかったのも同然で、また居合わせた者にとってすら「確かにそれがあったこと」を誰も保証してくれないとなると、記憶の風化が進むのも早い。

ましてや見ず知らずの誰かが死んでも、スタッフの仕事が変わる訳ではない。

そもそも職場とは何の関係もない自殺者と、偶然居合わせてしまった不幸な被害者であって、百貨店スタッフには何も関係がない。

ただ、茅野さんが一部始終を目撃したバックヤードで仕事をするのを厭うスタッフが出始めた。

窓の近くで作業をしていると、絶叫が聞こえるのだという。

それはあり得ないのだ。

この窓ははめ殺しなのであって、外部の音が聞こえるような作りにはなっていないのだ。

あの日の一部始終を目撃した茅野さんの耳にもそれは届かなかったのだ。

「でも聞こえたんだよ。窓の外からじゃなくて、窓の内側。このバックヤードの中から女の悲鳴が聞こえたんだ……」

だから僕はあまり長居したくないんだ。

という男子スタッフの意見に頷く者が数名。

もちろん、聞こえるスタッフばかりではない。聞こえないスタッフもいる。

聞こえない代わりに彼らは見てしまうのだという。

「見えるのよ。窓の外に大きな影が浮いてて……そっちを見るといない。でも、目を逸らすと視界の隅で、窓の外に頭から地面に落ちていく人の影が……そんなはずないんだけど、でも確かに見えるのよ……」

という女子スタッフの意見に頷く者がまた数名。

大学の試験が終わった茅野さんが久々にアルバイトに復帰したところ、件のバックヤードの窓は塞がれてしまっていた。

今はもう外は見えない。悲鳴も聞こえない。

茅野さんには無関係な自殺者、無関係な被害者だとばかり思っていたが、大学に出ている間に、例の飛び降りの一件が噂になっていた。

飛び降りて死んだ人は女子大生だった。

巻き込まれて死んだ人も女子大生だった。

その二人と、その一部始終を目撃した茅野さんの三人は、同じ女子大、同じ学年、そして同い年であった。

死んだ二人と面識がなかったことだけが、茅野さんにとって唯一の救いである。

イタリアのホテルで

高校二年生の成宮は、競輪協会に目を付けられるほどの逸材だった。

「一年中ロードで練習できるから」という理由だけで今の高校に進学した。将来ツールへ出ることを夢見て、年中山岳コースで練習できるところを選んだのだ。

だが彼には少しばかり困った癖があった。

勉強が十分ではない状態で試験期間に突入し、試験結果が芳しくないであろうことが予測できると、欧州の自転車レースにエントリーしてさっさと遠征に行ってしまうのである。

幾ら特待生扱いで授業や試験を受けずとも卒業だけはできるとはいえ、試験当日に成田空港から連絡を受ける担任教師は堪ったものではない。

その代わり、登校しない日の出来事をレポートとして提出する義務はあるので、そこだけは言い含めておかなければと、もはや担任は諦め顔である。ホテルから無事着いた旨の連絡を入れたときに「毎日じゃなくてもいいから、とにかくちゃんと自分で書けよ」と念を押されたのは言うまでもない。

今回の遠征先はイタリア。開催地に以前テレビか雑誌で見た超高級ホテルがあると知り、協会の役員にお願いして部屋を取ってもらった。

知る人ぞ知るそのホテルは、何でも元首が夏の離宮としていたらしく、一説には愛人とその家族を住まわせていたとされるもので、雰囲気も調度品もあまりその手のものに詳しくない成宮から見ても感嘆の言葉しか出ないほどだった。

滞在は準備期間も含めた一週間。海外遠征も当人には慣れたもので最初の五日は快適に過ごした。レースの結果も予想よりは上だ。機嫌も上向こうというものである。

残り二日はヨーロッパの自転車メーカーや選手と会う予定を組み、日程は順調に進んだ。

そうして、帰国を明日に控えた夜のこと。

さすがに疲れて早めに食事とシャワーを済ませ、成宮はそのままベッドに潜り込む。

微睡(まどろ)みから眠りに落ちようとしたその瞬間。両手、両耳を思い切り引っ張られ、同時にこめかみへ物凄く硬い何かをぐりぐりと捩じ込まれるような痛みが襲った。

痛いのと怖いので固く閉じた目尻に涙が滲む。両手を引く勢いは止まず、逆らえず起こした上半身は尚も窓際へ引っ張られた。

肉体疲労がピークに達した状態で金縛りになることはあるが、こういう物理的な事象を伴うのは経験したことがない。

変わらずグイグイ両手を引っ張られる感覚に、堪らず閉じていた瞼を開ける。窓際のテーブルの上に小さなノートが置かれていた。レポート用のノートだ。

担任教師から口酸っぱく言われていたにも拘らず、一頁も書いていない。いやそれどころか、鞄の中に入れっ放しにしたままノートを開くどころか、鞄から出してすらいなかった。

それがテーブルの上に鎮座している。

「ヤベ、俺なーんも書いてない」

自覚した刹那、耳元で甲高い少女の声に何語かも分からない言葉で怒鳴られた。それが起床予定の時間になるまで続いた。

後で思い出したが、このホテルの持ち主だった元首と愛人の間には二人の女児がいた。二人とも十代になるかならぬかの年齢で、ペストによって命を落としている。

どちらのほうかは分からないが、多分、その子供なのだろう。

どうしてこんなに怒られているのか。自分が学校サボったからなのか。訳が分からないのがとても怖い。もう卒業までなるべく真面目にする。

帰国後、成宮はスポーツ店のレジ前で、担任教師にそう誓いを立てた。

ひとりきり

不動産関係の職業に就いている博さんからお聞きした話である。

九十年代の初めのことである。まだ世の中の景気は良かった。そんな折、首都圏のある都市に、主に女性をターゲットとした分譲マンションが建築された。

所謂投資型マンションである。七階建ての各フロア四戸という造りで、全戸1LDKという物件である。駅からは徒歩圏であり、近所にはスーパーやコンビニ、大きめの公園もある。生活するのに何の不自由もない便利な環境だ。

投資に回すもよし、部屋のオーナー自身が住むもよしという宣伝文句で、このマンションは大々的に売り出された。

最初に売れたのは最上階の一部屋だった。物件として魅力があるため、その後も見学者は続いた。博さんも、その上司もすぐに完売すると踏んだ。しかし蓋を開けてみると一向に契約がまとまらない。中には手付金を支払ったにも拘わらず、契約者が直後に事故に遭ったり、勤務先が倒産したりで本契約までいかないという事例も少なくなかった。

結果、マンションを売り出してからの半年間で、無事に売れたのは最初の一部屋だけだった。

つまりこの住人は半年間も一人きりで過ごしているのだ。その部屋に住むのは石川さんという独身のＯＬだった。

博さんはこのマンションを訪れるのが苦手だった。どことなく気持ちが悪いのだ。建ったばかりの新しい建物だというのにまるで廃墟だ。

パンフレットに載っている写真は綺麗なものだが、実際に肉眼で見るとやけに薄汚れた印象がある。ただ、それは博さんだけが感じるもののようだった。見学に来た客でも気付かない人は全く気が付かないのだ。

「石川さんだっけ、あの人あのマンションに独りきりなんでしょ。怖くないんかね」

「まぁ、御実家も近いようですし、特に変な様子はないみたいですけどね」

マンションの管理担当の山田という女性社員が答えた。

「彼女のお姉さんが婿養子さん貰って実家に住むとかで、生前贈与みたいな形でマンションを買ってもらったようですよ」

詳しい。山田さんは管理担当者として、設備の点検や、清掃の手配なども行っている。そのような折に石川さんと世間話を交わすこともあるのだろう。

「お仕事も出張が多いようですから、住人が他にいないってことにも気付いていないのかもしれませんね」

「いや、まさかそんなことはないだろう。最上階に住んでいて誰ともエレベーターに相乗りしたことがないとか、不自然だろ。あとは管理委員会とか——いや、こっちはまだそんな時期じゃないか」

それから一年近く経ち、やっと二軒目の入居者が決まった。三階に八木さんという独身男性が入居したのだ。

八木さんには神経質なところがあるのか、管理担当窓口に度々クレームの電話を入れてきた。

「他の部屋のペットだと思うんですけど、夜になると鳥の鳴き声のようなものが聞こえてくるんですよ。どうにか注意してくれませんか」

もちろん他には最上階の石川さんしか住人はいない。例え七階でペットを飼っていたとしても、三階に住む八木さんの部屋にまでその鳴き声が届くだろうか。

山田さんは近隣の部屋の住人に苦情を伝えると答えておいた。

しかし八木さんから連日何度もクレームが入る。このままなら苦情のチラシを一軒一軒に投函するとまで言い出した。結局山田さんが八木さん宅の廊下の前まで確認しに行くことになった。当然ながら鳴き声は聞こえなかった。

恐らくそれは八木さんの耳にしか聞こえていないのだろう。

だが、この騒動と時期を同じくして、見学者の反応に変化が生じた。

見学者の多くがエントランスの前に来た途端に「ここには入れません」と泣き出しそうな顔で引き返すのだ。契約どころではない。

このようなことが続くと業者としては頭を抱えるしかない。

物は試しと、博さんは知り合いの占い師に相談をした。だが、青い顔をした占い師からは、そのマンションには関わるな。気を付けろと脅かされた。ただ、どうやって気を付ければいいかまでは教えてくれなかった。逃げろということか。

結局八木さんは程なくして引っ越していった。投資用に切り替えて入居者を募集することにしたらしい。

住人はまた石川さん一人になってしまった。

マンション販売開始から二年近くが過ぎた。

博さんは不動産コンサルタントに相談を持ちかけた。件のマンションについてどうにかならないかという内容である。霊的にどうこうではない。誰でもいいから入居者が入りやすくしてほしいという相談である。

手っ取り早い対策は、会社が部屋を賃貸物件として買い上げ、数カ月の間、格安でホステスなり貧乏学生なりを住まわせるというものである。

誰かが住み始めれば生活感も出て、見学者も安心して購入に至る。そのような事例も多いのだとコンサルタントは言った。

その結果、全戸ではないが三分の一ほどの部屋を会社が買い上げて、格安賃貸として貸し出すことにした。このままでは全く回収の目処が立たないため、苦肉の策である。

コンサルタントの伝手を使い、ホステスを中心として入居者の募集を掛けた。

格安ということもあり、即日数人のホステスが入居した。しかし、入居の立ち会いをした博さんは不安を消し去ることができなかった。

このマンションは、人が住むことを拒絶している。

帰りがけに見上げたマンションは、巨大な墓碑のように見えた。

ホステス数人が入居した数日後、石川さんは会社の上司との色恋沙汰が原因で殺害された。マンションの部屋は血の海だったという。

博さんは不安が的中したことに驚愕していた。

近所の噂は早い。

長い間売れないマンションに、たった独りで住んでいた若い女性が殺人事件の被害者となったのだ。警察の捜査が入り、博さんも山田さんも忙殺されることになった。

「もうダメかもしれないですね」

「ホステスさんには験担ぎする人結構いますからね」

山田さんも博さんに退職することを告げた。

「うん。潮時だね」

そう言うと、博さんも近々退職するつもりだと打ち明けた。

ホステス達は殺人事件の後、ひと月と経たずに皆出ていった。

もちろん見学者は一組も来ない。

更に追い打ちを掛けるようにバブルが弾け、マンションは債権者の手に渡った。

現在そのマンションは、医療サービス付きの老人ホームになっている。


博さんは最後に言った。

「僕が一番怖かったのはですね、債権者のトップにいた某銀行があのマンションを手に入れた後、すぐに土地ごと手放していることなんですよ」

一部でハイエナとして有名な某銀行が、四半期と置かずに老人ホームを営む医療法人に譲り渡した。値段は二束三文。銀行側も赤字を被っている計算になるという。

「あの土地には、余程怖いモノが隠されていたんでしょう。でもね、その老人ホームは意外と好評なんですよ。どうも入居した老人達がすぐに死ぬっていうのが一部に口コミで広がったみたいでね。入居費は高いんですが、トータルの費用が安く済むって話です。今はこっちのほうで有名になっちゃってますね」

奇縁良縁

現在広く一般的になった自由恋愛と自由意志による結婚というのは、実はさほど歴史は古くないのだという。

それこそ、第二次大戦後の復興期に広く根付いていったものだとする説もあるくらいだ。

それ以前の日本では、婚姻というのは家と家の結び付きであった。

両家の格式は釣り合うか。

両家の慣習や認識は、大きく踏み外さない程度に双方が合致しているか。

両家の資産規模に大きな不均衡はないか。

どちらかが財産目当てや格式目当てとなるような婚姻は、家同士の結び付きを脆くする。

長く続いた歴史ある家系ともなると、家同士の婚姻という考え方は平成の今にあってなお深く息づいている。

だから、未然に互いを窺(うかが)い合うし、結婚する当人達の意志意向や思惑以上に両親両家の家同士の相性というものが重要になってくる。

岩倉家と兵頭家の間で持ち上がった縁談も、そんな具合に進んでいった。

岩倉家の息女と兵頭家の子息は歳も近く、結婚するにはいい頃合いだった。

双方の家柄も遜色ない。

とある旧家の方が、縁あって両家の縁を取り持ってくれてから、トントンと話が進んだ。

この日は形こそ「見合い」ということになってはいたが、これは始まりではなく、むしろこれまでの腹の探り合いの総仕上げ、最後に本音を確かめ合うようなものだった。

外から調べても分からないこと、例えば人柄であったり気配りであったりというようなものは、やはり会って言葉を交わさなければ気付けないものだ。そこは、当事者とその両親が互いに確かめ合わねばならない。

岩倉家の奥方がかつてその生家である茅野家から岩倉家に嫁いだときも、こうした精緻な確かめ合いを経て縁談がまとまったのだ、ということを思い出していた。

それももう二十年近く昔の懐かしい思い出だ。

今、岩倉家と兵頭家の縁談の当事者たる若い二人は互いに打ち解け合い、価値観も相性も申し分ないようだった。

そして幸いなことに兵頭家の御子息の御両親と、岩倉家の息女の両親の間も実に和やかに会話が進んだ。

両家ともに西日本では有数の名家であったことなど、相通じる点が多かったためだろう。

「では、二人でお庭でも見ていらっしゃい」

兵頭家の奥方の提案もあって、近い将来夫婦になる若い二人は初めての二人きりの時間を得て、見合いの会場となったホテルの庭園に出かけていった。

「お陰様で、岩倉家の御息女を当家にお迎えさせていただくことができそうで、安堵しております」

兵頭家の奥方と御主人は、柔和な笑みを浮かべ儀礼的ではない心からの感謝を述べた。

岩倉家の奥方も頭を振ってこれに応える。

「いえ、滅相もない。御子息や兵頭様に当家の娘を気に入っていただけて汗顔の至りです。まだ何かと至らないところもあるかと思いますが、どうかよろしくお願いします」

和やかな空気の中、兵頭家の奥方は訥々（とつとつ）と語り始めた。

「実は――息子の晴れ姿を本当に見たがっていた、見せてやりたかった者がいたのです。息子には叔母に当たる者がおりました。主人の実妹に当たる者なのですが……その者は不幸な事故で早くにこの世を去りまして。息子が生まれる半年ほど前のことです」

「まあ、それは……」

お気の毒に、お悔やみ申しあげますと言葉を継ごうとしたところで、兵頭家の奥方から意外な言葉が続いた。

「主人の妹――その者は正美さんと仰いましたが、当時はまだ大学生でしてね。こちらの女子大に通っておられて」

兵頭家の奥方が挙げた大学名を聞いて、岩倉家の奥方は「おや」と思った。

岩倉家の奥方の出身校と同じであったからである。聞けば歳も近い。いや、同い年かもしれない。

「もう二十年も昔のことになりますが、ここの駅前に百貨店がございますでしょう？　その百貨店の屋上から飛び降り自殺をされた方がいらして。正美さんはその自殺に巻き込まれる形で命を落とされたのです」

岩倉家の奥方は言葉を失った。

二十年前の飛び降り自殺事件。そのことならよく知っている。

そのとき、岩倉家の奥方は事件を目撃していた。

屋上から落ちていく自殺者、そしてその自殺者の下敷きになって巻き添えで亡くなった気の毒な被害者。当時、まだ岩倉家に嫁ぐ前で世間知らずの女子大生だった奥方は、社会勉強を兼ねて百貨店でアルバイトを始めたばかりだった。

そして、岩倉家の奥方はその事件の一部始終を見た。

高所から落下した衝撃で水風船のように弾けてしまった自殺者の肉体。

巻き込まれ折り重なるようにして倒れ、全身を強く打った気の毒な被害者。

飛び散る人体の内容物と、百貨店のエントランス前に広がっていく赤黒い液体の泉。

岩倉家の奥方の人生の中で、あれほどの衝撃は他にない。

その後、暫くの間、百貨店のバックヤードでは自殺者のものか巻き添えの被害者のものか分からない絶叫や、落ちていく人の幻影が何度も報告された。

もう長いこと忘れていた。

そのときの記憶が、鮮明に呼び起こされた。

とはいえ、まさか「現場を見ていました」などと告白する訳にもいかない。

岩倉家の奥方は動揺を悟られぬよう、平静を保つだけで精一杯だった。

黙して兵頭家の奥方の言葉に耳を傾け、漸く言葉を捻りだした。

「……それはさぞや御無念だったことでしょう。きっと、その方が甥御さんのために今回の縁談を円滑に進めて下さったのかもしれませんね」

生前の正美さんについては面識もないのだが、御子息の晴れ姿を見たがっていた、見せたかったということなら、きっとそうなのだろう。

兵頭家の奥方は、そうですねと小さく笑った。

「息子は未熟児で産まれましてね。私が退院した後も、息子は暫くは病院の保育器の中で過ごしたのです」

標準よりずっと小さい身体で生まれた御子息は、なかなか保育器から出ることができなかった。

「あの……こんなことを言うと笑われるかもしれませんが……私ね、見たんです」

御子息の保育器の隣に、亡くなった正美さんが立っていた。

保育器の中の御子息を覗き込んで、笑顔を浮かべてあやしている。

一度だけではない。何度も何度も、御子息の入院が続く間繰り返し正美さんは現れた。

むずかる御子息も、正美さんが寄り添ってくれるときはいつも状態が安定した。

御子息は次第に身体も成長していき、無事退院できた。

「本当に何度も様子を見に来てくれて。息子が生まれたときには既に正美さんは世を去っていて、結局ずっと楽しみにしていた息子の誕生に立ち会うことも、その手で抱くことも叶わなかったんです。ですが、正美さんは本当に息子のことを思って下さっていたのだと思っています」

そうか。そうだ。

そうなのだ。

そうして、亡くなった正美さんは御子息を慈しみ生きながらえさせ、見守ってきた。

そして今、あのときの目撃者の娘と、あのときの不幸な被害者だった正美さんの甥御の間に縁を取り持ってくれた、と。

これは導きなのだ――岩倉家の奥方は思った。

あのとき、そしてこのことを知る直前まで岩倉家の奥方はこう思っていた。

飛び降りて死んだ人も、巻き込まれて死んだ人も、同じ大学、同じ学年、同い年であったことは知っていたが、死んだ二人と面識がなかったことを〈救い〉だと思っていた。

そう思うようにしてきた。

自分には関係のないことなんだ。自分は傍観者に過ぎず、どうすることもできなかったのだ。だから死んだその人達と縁などなくても、仕方ないのだ。彼女らのために祈ることなどできなくても仕方ないのだ、と。

ただ、そのことはきっとやはり心の何処かに蟠り(わだかま)としてあったのかもしれない。

だからこれは、導きであり縁なのだ、と。

「縁談もまとまって、両家は新たな家族として結び付くことになったのですから、是非とも正美さんの墓前に私達も御報告をさせていただけないでしょうか」

そうお願いしたところ、兵頭家もそのことを喜んでくれた。

「盆も近いことですし、是非」

皆で正美さんに挨拶を。若い二人の縁結びの礼と報告を。

そしてあのときの不慮の事故を、彼女の無念を今こそ慰めてあげたいと岩倉家の奥方は心の底から思った。


このお話について岩倉家の奥方から伺った折、二十年前のことを娘さんはご存じなのですか？　と訊ねた。

「いいえ。娘がこのことを重荷に思ったり、余計な気遣いをさせてはいけませんので娘には語らないつもりでいますし、兵頭家の御両親にもお話ししておりません。妹さん――正美さんがこうして良い縁談を進めて下さったのなら、それに水を差すような真似はできません。ですから、この話は私達夫婦だけの秘密として墓場まで持っていきましょう、と。主人ともそう話しています」

しかし、そんな大切なお話を僕がお預かりしても良かったのですか？　と重ねて訊ねた。

岩倉家の奥方は言われた。

「これも御縁でしょう。あの方の想いの一部始終を、どうかこの世に残しておいて下さいましね」

なるほど――奇縁である。

立山

四国在住の林さんは、アウトドア用品店にお勤めである。

お店では登山用品からアウトドア周辺用品全般まで幅広く扱っておられるそうで、品揃えは県内有数である、と聞く。

この店には無人島開拓番組のスタッフから登山を始めたばかりの初心者に至るまで様々なお客が訪れるが、近年は山ガール——登山女子が随分増えた。

一時は随分と登山を始める女性が押しかけたというが、今はまた少し落ち着いてきた。

「ブームが去って、定着期に入ったとかそういう感じですね」

さて、その中にあってここには山ガールという軽佻浮薄（けいちょうふはく）な言葉が流行するよりずっと昔から登山を謳歌してきた山女、というか女性登山家も数多く来店する。

その多くは結婚前から山にアタックしてきて、結婚、子育てが終わり、孫の子守も不要になるくらいまで成長したので、「もうそろそろいいよね？」とばかりに山に戻ってきた。

「身軽になった昔の登山仲間同士で、またいっちょ登ってやろうじゃないの！」

と意気揚々な、エネルギッシュな御婦人方である。

そんな女性登山家の中に、矢吹さんという方がいた。

長く勤めたお仕事を引退され山に戻ってきたと笑う女傑であるが、用品店で次のアタックに備えた買い物などを楽しまれる様子からは、強靭（きょうじん）な足腰の登山家にはおよそ見えない。

この日は次回に備えた用品のメンテナンスと、携行品の買い足しなどの相談のため、お近くにお住まいの登山仲間である森脇さんと一緒に来店された。

「いらっしゃいませ、矢吹様、森脇様。最近はどちらの山に行かれました？」

「最近はねえ、立山行ってきたのよ。七月の頭くらいに森脇さんと」

立山――北アルプス飛騨山脈の北部、立山連峰の主峰である。

大汝山、雄山、富士ノ折立と、三千メートル級の連山から成る山々で、バスルートの開通から後には多くの登山客で賑わうようになった。

「でもねえ、大変だったのよね。立山」

「ねー」

矢吹さんが話を振ると、森脇さんも頷く。

「大変って……お二人ともベテランじゃないですか。立山も何度も登ってらっしゃるんでしょう？」

立山はバスの開通後、登山道の入り口が標高二四五〇メートル付近になって、手軽に登れるようになった、と言われている。もちろん、手軽に登り始められるということと、楽に登り切れるということはイコールではない。

その意味で決して楽な山ということはないが、矢吹さん達はブームに乗って昨日や今日にハイキングを始めたような俄山（にわか）ガールとは年季が違う。何しろ、これまでに日本国内の百名山を踏破しただけでは飽き足らず、百名山の二周目をこなしているという強者である。

「……何かあったんですか」

林さんが訊ねると、矢吹さんはぽつりぽつりと語り出した。


立山は人気の観光地である。

立山の麓、黒部アルペンルートは登山までしない人々もたくさん集まるし、夏になると夏休みを利用した登山客も増える。

登山というと誰にも会うことなく山の中をぽつねんと歩く孤独なイメージがあるが、人気の山、しかも休日となると登山道がごった返して、登山客による渋滞が起きるようなことすら珍しくない。登山客が集中すれば、宿を取るのも難しくなる。

「だから、夏休みに入って山が若い子達で混み始める前に登ってこない?」

ザイルパートナーというか矢吹さんの相方を務める機会の多い森脇さんに声を掛け、二人は軽く立山を楽しむことにした。

もちろん、立山は初めての山ではない。

以前は体力もあったので、複数の山頂を尾根伝いに踏破していく縦走を楽しんだものだった。

だが、そういう楽しみ方は若いうちに散々こなしたから、これからはゆっくり楽しもうじゃないか、ということになった。

「今までは、山小屋とか精々ちょっと休憩するくらいで、わざわざ泊まったりしなかったじゃない。それならもうひとつくらい登りたい、とか言って。でももう私達もいい歳なんだし、美味しい御飯とか、綺麗な風景とか、温泉とか。そういうのを楽しんでもいいと思うのよ」

宿泊先ホテルを予約し、今回は欲を出さずに目的地を雄山神社峰本社まで、と控えめにした。本来ここは立山縦走ルートの入り口でもある。

彼女らは気軽に〈控えめ〉などと言うが、それでも黒部アルペンルートの室堂ターミナルからは歩いて二時間以上は掛かる。縦走を何度もこなしてきた矢吹さん達にしてみれば、「玄関口までで帰ってくる」ようなものなので、気軽な旅という感覚であるらしい。

思わず縦走したくなる誘惑を我慢して、立山信仰の中心地である峰本社とその周辺の散策に留めることにした。

とはいえ、やはり縦走ルートの手前で寸止めというのはうずうずするもので、峰本社から戻ってホテルの周囲をうろうろしているうちに、そこから四十分ほどで行ける室堂山展望台まで「軽く散策しよう」ということになった。

持ち物は雨具と行動食、コーヒーを淹れるためのストーブと水など、必要最低限のものをアタックザックに詰め込んだ軽装である。

展望台に続く道は石畳が敷きつめられている。周囲には高山植物が茂り、勾配はきついが遮蔽物のない見晴らしのいい道が青空に向かって延びていく。

混雑期にはこの石畳が中学生の遠足のような長く延びた人の列で埋まってしまうのだが、夏休み前のウィークデーのためか行き交う人はほぼ皆無で、見知った石畳がまるで未踏の地のようにすら思えてくる。この開放感、この征服感が堪らないのだ。

と、意気揚々登る二人の前を、先客が歩いていた。

背が高い……というより、妙にひょろりと細長い男である。

矢吹さん達の言う「気軽な散策」という説明を真に受けてしまうと如何にも簡単に登れるルートであるかのような錯覚を得てしまうが、室堂山展望台に向かう道は決して平坦な道ではない。勾配のきつさもさることながら、「舗装された石畳」とされるものは所によっては大小様々な岩を不揃いに敷きつめただけの場所も少なくない。足下を違えれば簡単に転ぶ。

そんな道ながら、先を行く男は足取り軽くひょいひょいと登っていく。

「あのお兄さん、早いわねえ」

「ほんとにね。あんな細い身体してるのにねえ」

鍛え抜いた筋肉質の身体ということもないのに、持久力切れも起こさず同じペースで登っていく姿を見て、矢吹さん達の中に軽いライバル心が芽生えた。

自分達だって歳はいってもまだまだ現役。百戦錬磨の山ガール、山女である。

ちょっと気張って、追い付いてやろうと思った。

自分達のペースは乱さず、しかしペースアップしていけばすぐに追い付けるはず。

ところが、男はホイホイホイと足を運ぶ。急いでいる様子はまるで見られないのにペースも全く落ちず、なかなか追い付けない。

追い付けないまま男のペースに引きずられるように歩くうち、ついに室堂山展望台に到着してしまった。

展望台に据え付けられた、北アルプスの眺望を示す案内板の前に先程のひょろりとした男がぼんやり立っていた。

「お兄さん！　あなた、足速いわねえ」

矢吹さんが男に声を掛けると、「いやあ、まだまだです」と男は人懐こい笑顔を返した。

山を歩く人々は、見知らぬ誰かであっても同じ登山仲間として遇する。

時に挨拶を交わしたり、声を掛け合ったり、思わぬ事態に助けてもらうことだってある。

直接の顔見知りでなくたって、山を愛する者同士とあればたちまち仲良くもなれる。

矢吹さんは、ベンチに腰を下ろしてストーブで湯を沸かしながら男に声を掛けた。

「コーヒー淹れるけど、お兄さんも一緒にいかが？」

「あ、じゃあいただきます」

これは山を歩く矢吹さん達のいつもの習慣でもある。

行ったことのある山の思い出話は、幾つも山を登っている者なら初めての者同士でも盛り上がれる。温かいコーヒーを飲みながら、行動食やおやつを交換してつまみ合ったりする。

今回は何しろ縦走もやらない、のんびりすると決めてきた登山なので、時間もたっぷり余裕があった。

「お二人は、今日は縦走をなさらないんですか」

「登山道見てるとつい登りたくなっちゃうけど、今日はゆっくりするつもりなのよ」

ひとしきり歓談した後、矢吹さん森脇さんの二人は来た道を戻って室堂ターミナルまで下山し、後はホテルに戻ることにした。

「あなたはどちらまで？」

縦走するつもりならもっと早い時間にスタートすべきだろうが、この時間からなら浄土山まで行って戻るくらいはできそうだ。その割に男の装備はさほど重装備でもない。

「僕もあと少ししたら降りようと思っています。写真が趣味なので、もう少しこの辺りで粘ってみるつもりです」

山の楽しみ方はそれぞれだ。登ることがひたすら楽しい矢吹さん達のような生粋の登山家タイプもいれば、高山植物の観察や風景写真の撮影が目的という人もいる。他者のスタイルに口を出さないのが、良き山人である。

二人は男と展望台で別れ、石畳を下っていく。

思えば、こんなにのんびりした登山は初めてかもしれない。

実に楽しい山登りだった。

翌日、二人はホテルをチェックアウトして山を下り、四国への帰途に就いた。

アルペンルートを下るバスの中で「次は何処に行こうか」などと楽しい語らいを重ねるうち、森脇さんがふと言葉を漏らした。

「……そういえばさ、よくよく考えたら昨日の人、変じゃなかった？」

変と言われて咄嗟に何が変だったのかが思い浮かばない。足が速くてひょろっとしてはいたけど、何処にでもいる普通の登山好きではなかったか。

挨拶もでき、山の話で盛り上がった。

「何か変なところあった？」

「あったわよ。全身真っ黒だった」

あ——。

全く気にも留めていなかった。言われてみればそうだった。

そもそもこれは登山ではあり得ない。

山は異界である。

人の多い開発されきった山でも、石畳が整備された山でも、常に完全に絶対に安全な山などあり得ない。間違って登山道を踏み外したり、観察や撮影に夢中になって遭難することだって、絶対にないとは言えない。

だから、夏の遭難時に発見され難い黒や、冬の遭難時に埋もれてしまう白は、少なくとも登山用品のアウターにはまず使われない。

遭難避けだけでない。最大の理由は蜂に襲われないためで、白黒の識別しかしない蜂は黒くて動くものを見つけると優先的に攻撃を仕掛けてくる。森の中を歩く機会の多い低山では蜂との遭遇が最大のリスクでもある。このためメーカーもそういう服は作らない。パーカーなどは赤、黄色、青、紫など、自然の中にはない派手で目立つ色が定番だ。

あの男は写真が趣味だとも言っていた。

カラフルなパーカーは撮影時に周囲の色味に影響を与えてしまうから、目的地でカメラを構えるときに黒い服に着替える者もいることはいる。しかし、それも目的地に着いてからの話で、移動中はその上に派手な色味のアウターを羽織るのが普通……いや、常識だ。

だが、言われてみればあの男は黒かった。

登山道をひょいひょいと上っているとき、既に全身が黒かった。

そして、森脇さんは更に別のことについても、首を捻っていた。

「私、あのお兄さんのさ、顔が思い出せないのよ」

展望台に到着してから一緒にコーヒーを飲んで、結構長い時間語らった。

晴れてはいたが特別眩しかったということもないし、男がいつも逆光だった訳でもない。サングラスを掛けていた訳でもなかったと思う。しかし、特徴を何一つ思い出せない。思い出そうとすればするほど顔の記憶があやふやになっていく。

森脇さんに指摘されて、矢吹さんもまったく同じ状態であることに気付いた。

山で出会った人には、別の山で再会するということがよくある。山でしか会わない山友達というのすらいる。周囲には山しかないので、そういう場所で人に会うと余計に強く印象に残る。そのためか、山で出会った人のことはよく覚えている。

加えて矢吹さんはつい先だってまでホテルのフロントに勤務されていた。ホテルマンの最重要能力は宿泊客の顔と名前を覚えることであり、それは矢吹さんの得意技である。

なのに昨日会った男の顔が思い出せないのである。こんなことはあり得ないことだった。

「……まあ、山だからね。そういう不思議なことだってあるし、不思議な人だっているわよきっと」

二人はそんな風に納得することにして、そのことをそれ以上深く考えるのはやめた。

それから帰りの長旅を終えて、その日のうちに四国へと無事に戻った。


帰宅したその夜のこと。

さすがにくたくたなので今日は早めに寝床に入ろうかと寝支度を調えていると、矢吹さんのスマホに着信があった。森脇さんからである。

「何かしら。忘れ物でもあったのかしら」

もしもし、と電話に出たらすぐに切れた。

誤発信かしら。それとも手元が狂って切れてしまったのかしら。

十分するとまた電話が鳴った。森脇さんからである。

おっちょこちょいめ、と思いつつ電話に出る。

「はい、もしもし矢吹――」

電話は切れた。

それからまた十分すると電話が鳴り、出ると切れる。

同じことが一時間以上続いた。

最初のうちこそ「何か用事でも」「スマホの不具合かも」「何かあったのかしら」と心配していたのだが、いつまで経っても本題に入らず、まるでワン切りの悪戯のようなことが続くに至って、さすがに矢吹さんも腹が立ってきた。

こちらから掛けても出ないので、これは直接出向くしかない。

矢吹さんの家から車で五分ほどの近所に住む森脇さんのところに押しかけると、丁度森脇さんが玄関に出てきたところだった。

矢吹さんが声を掛けるより早く、矢吹さんに気付いた森脇さんが口火を切った。

「ちょっと！　どうしたのよ！　電話掛けては切る、掛けては切るって、何のつもりなの！　何か大変なことでもあったかと思って、今からそっちに行こうとしてたのよ！」

矢吹さんが言おうと思っていたことは、森脇さんに先を越されてしまった。

「そっちこそ、どういうことなの！」

二人は訳が分からず、とにかく文句を言わねば気が済まないと、互いのスマホを見せ合って、そこでまた仰天した。

双方相手のスマホに、確かにそれぞれのスマホからの着信履歴が残っていたのである。

しかも、両方とも着信時刻は同じ。発信元も間違いなく自分の番号だった。

「ちょっと、何これ！」

重ねて驚いた二人が玄関先でおろおろしているそのとき、二人のスマホが同時に鳴った。

着信番号を見ると、今度は何も表示されていない。

いないけれども確かに「何処かから電話が来ている」という着信音だけが鳴り続ける。

「どうしよう、これ!」

「切るのよ!　とにかく切って!」

こうなるとスマホを持っているのが嫌になった。

このまま持ち帰ってもきっと繰り返し友人を装って鳴り続けるに違いない。

とにかく手元に置くのが嫌だということで矢吹さんと森脇さんは意見が一致した。

着信音をオフにしてサイレントマナーにした後、割と大きな農家を営む森脇さんの家の納屋にあるトラクターの座席にスマホを置き去りにして逃げ帰った。


「……こういうのは、ちゃんとお祓いしてもらうのが確実だと思うのよ」

確かに過去の登山経験で不思議な体験をすることもなかった訳ではないが、矢吹さんがお祓いという言葉に特に抵抗感を持たなかったのは、どちらかといえば職業柄である。

長いホテル勤めの中では、やはり折々にお祓いをお願いするような事態に出くわしたことがある。効果の程が分からなくても精神的に落ち着く場合もあれば、あれよあれよと事態が収拾するような場合もある。

要するに、こうしたときのしきたり作法については餅は餅屋が一番だということだ。

翌日、ホテル時代に何度もお世話になったことがあるお寺に相談の電話を入れた。

すると住職はふむふむと話を聞いた後、すぐにおいでなさい、と言ってくれた。

「僕はそういうのは分からないんだけど、お宅さんの話を聞く限りではやっぱり展望台かねえ。御祈祷しましょうか」

「祓う」のは神社で行う神事であり、寺では「祓う」とは言わず仏に「祷る」ので、お祓いではなく「御祈祷」と言う。住職は迷わずその言葉を使った。

やはりあの男と関係があるのだろうか。

「とりあえず、スマホだけでなくてその展望台に持っていった物、着ていった物を全て持ってきてもらったほうがいいと思う。もちろん、お友達の方の物も全部ね」

早速、話を森脇さんにも伝えた。

あのとき展望台に持っていった物。ザックも服も靴もストックもストーブもクッカーも雨具もパーカーも……それから他に何を持っていったっけ。

一つでも遺漏があってはいけないと思い悩むうちに、結局展望台どころか立山に持っていった全ての携行品を一揃い、お寺に持ち込んだ。

まだ整理も終えていない登山用品をザックに詰め込んで丸ごと持っていったところ、住職は「いや、これは勇ましいですなあ」と苦笑しながら本堂に案内してくれた。

「では、始めます」

住職は二人が立山に持っていった全ての登山用品を本堂に並べた。

そして御本尊の前に二人を座らせ、自身も御本尊に対峙して座る。

手順作法について特に説明らしい説明はなかったが、そこは住職に任せた。

法要などでよく聞く経文の読経から始まり、その宗派独特のものと思われる誓願文を唱え、幾つかのあまり聞いたことのない経文を重ねて唱えていく。

時折、木魚以外の大小の鉦（かね）を叩く。

低く唸るように経文を延々と念じ続ける。

御祈祷は特に何ということもなく進んだ。

取り立てて気分が悪くなるとか、頭が痛くなるとかいったことはなかった。

気配が云々とか、悪霊が形になって現れて、というようなこともなかった。

覚悟していたような不思議なことは何一つ起こらず、ただ、とにかく時間が掛かった。

数十分か数時間か分からないが、これほど長く正座を続けたのも久しぶりだ。

しかし、足が痺れてくるどころか、不思議とリラックスしていた。

最後の頃になると座ったまま眠くなってきてしまった。

ついうとうととして、首が据わらずコクリと項垂（うなだ）れそうになったその瞬間――。

「えい！」

それまで低く朗々と経文を唸っていた住職が、突如、喝（かつ）を叫んだ。

住職が天井に向けて大きく気合いを入れたのがまるで不意打ちのようで、実際目が覚めて身体が浮き上がるほど驚いた。

しかし住職の喝以上に驚かされたことがあった。

──バシッ！

強化ガラスの砕ける音が聞こえた。

和尚の喝と同時に、目の前に置かれていた二人のスマホの画面が、いずれも同時に粉々に割れたのである。

持ち込んだときには割れていなかったはず。

つまり、今の喝に〈何か〉が反応したということになる。

いずれにせよ、このスマホに何らかの裁定が下ったと考えて良いのだろうか。

住職は鉦を撞木（しゅもく）で叩き、御本尊に深々と頭を下げた。

「……ハイ、これで終わりになります。が、このスマホは持ち帰らないほうがいいねえ」

元より持ち帰るつもりはなかったが、住職が「うちの寺の何処かに埋めて供養したほうが良さそうだ」と言ってくれたので、一も二もなくそのままお願いして始末してもらった。

「結局、その後スマホを買い換えてからは何も起きなくなったのよ」

「なるほど、それは大変でしたね」

長い長い立山行の顛末を聞き終え、林さんは大きく首肯した。それはさぞや大変だったことだろう。

すると、矢吹さんは首を振った。

「違うのよ違うのよ。まあ、展望台の男のこととかスマホが割れたこととか、そこらへんは吃驚はしちゃったんだけど、別にそれは大変じゃないのよ」

「そうそう。大変だったのはその後なのよね」

森脇さんの言葉に矢吹さんもうんうんと頷いた。

「御住職にとにかく全部持ってきなさいって言われて、スマホなんか特に気持ち悪いから直接持っていったんだけど御祈祷で壊れちゃって、それでそのまま御供養のために渡してきちゃって。そのときはもう、私達二人ともいっぱいいっぱいだったから、後のことなんてまるで考えてなかったのよ！」

その辺り、二人ともそれだけ必死であったということだろう。

「そうなのよ！　結局、新しいスマホに買い換えて。まあ、そう言っても今更機種変更しても使い方覚えられないから、今までのと同じ機種、同じ色にしてもらったわ」

「そう。でもね。前のはそのまま渡してきちゃったから……スマホのアドレス帳、全部最初から入れ直しになっちゃったのよ！　とにかくそれが大変で大変で。もうね、こんなの懲り懲りって思ったわー」

「ねー」

矢吹さん、森脇さんは、お二人とも自身の山仲間や旧知の連絡先などを全て打ち込み直したらしい。

体力にはまだ自信があっても、老眼の進んだ二人にその労力はきつかろう、と労いの言葉を考えていた林さんは何げなく、ふと思い当たったことを訊ねた。

「それは……大変でしたねえ。スマホの販売店やネット上にデータ預けてなかったんですか？　ほら、アドレス帳や写真のバックアップとかしてくれるサービスがあったような」

「あ」

「あああああああああああ！　そういえば息子が！　〈お母さん、絶対にいつかやらかしそうな気がするから、バックアップ取っておいたげる〉って前に！　ああああ！」

山仲間の二人は、仲良く揃って絶叫した。

「……まあ、ともかく。次はお盆過ぎに大山行こうと思ってるのよね」

「ねー」

「でもこれで、もし次があってもバックアップがあるから安心よね。いいこと思い出させてもらっちゃったわ」

矢吹さんと森脇さんは会計を済ますと足取り軽く帰っていった。

二人を見送った後、林さんと一緒に客あしらいしていた同僚が、ふと漏らした。

「なあ、林さんよ」

「ん？」

「さっき言うてた、矢吹さん、森脇さんの出会った男っちゅうアレやけど、そいつ死人と違うか？」

同僚は両腕をひらひらと突き出した。

「もしくは、生きてはるけど誰かに呪い掛けよる最中やったんちゃうか？」

なるほど。

だから、印象に残らず、だからあの場に残りたがった、と。

自身も山屋であり、〈そういうの〉に何かと縁のある同僚は言葉を繋いだ。

「あと、大山。あそこかて色々ある山なんちゃうの。出たりとか。あんなんあったばっかりでも行かはるんやろな。もうね、おばちゃん強いわあ、ホンマ」

何故、彼女らが店にいるときにそれを言ってやらんのかとも思ったが、言って聞くようならこれほど山を続けてはこなかったろう。山に挑む者は大抵そうだ。

何処の山にだって、魔は住んでいる。

そんな山だからこそ、人は魅入られるのである。

京の夜

一九八〇年代後半というのは何とも景気のいい時代だった。世に言うバブル時代である。皆、金に余裕がある、或いは金払いがいい。

サービス業はゴージャスに、家族旅行は贅沢に、大学生は講義に出るよりアルバイトに励んだほうが儲かる——そういう時代であった。

林さんが大学受験生だったのは、そんなバブルのまっただ中である。

「その頃、私の本命は京都のとある大学でして。三十三間堂の近くにあるエエとこです。うちの娘がそこを受けるって、親が親戚に吹聴したんだと思います」

——おっ、そうか。林さんとこの娘さん、あっこ受けるんか。

という話が親戚を駆け巡り、「わし、京都にあるホテルの関連会社の株主やから、株主優待で部屋取れるで」と気前のいい支援の申し出があった。

当人としては、身軽に一人で受験に行くつもりだったのだが、折角親戚が気を利かせて部屋を取ってくれたのだからと、それに甘えることにした。

行ってみると、京都駅の程近くにある随分グレードの高いホテルだった。

「もうね、バブル時代であるっていうことに輪を掛けて、これがまた〈エエ感じに贅沢なホテル〉だったんですよ。少なくとも、女子高生の小娘が一人で泊まるには、ちょっと分不相応な感じのゴージャスな」

　本来、京都観光のグレードの高いゲストを引き受けるホテルなのだろうが、一月のこの時期の宿泊客は、周辺のホテル同様「受験生とその家族」が集中する。

　この時期の大学入試はまだセンター試験ではなく共通一次試験だったが、本命の国公立に合わせた学生が集まってくるのである。

　試験直前の我が子を少しでもリラックスさせ、いつもと変わらない雰囲気を作ろうと、或いは「我が子の受験をダシに家族総出で京都旅行を楽しもう」という腹だったのか、家族連れで宿を取る受験生の姿も多かった。

　何しろ日程が同じなのでチェックインも混み合う。

　前乗りして前日泊、試験当日泊、試験翌日にチェックアウトして帰宅ということで、宿は二泊お願いしてあった。

　お上りさん然として落ち着かない受験生や、物珍しげに周囲を見回すその家族達などごった返すロビーでチェックインの順番を待っていると、一際目立つ美少女がいた。

　さらりと長いストレートの髪に、何処か伝統校のセーラー服と思しき制服に身を包んでいる。だらしなく着崩したりスカートを巻き上げたりといった様子もなく、何とも凛として風情がある。

　どうやらこの美少女も家族を帯同しての受験と思われるが、ざわめきの中から一言二言と漏れ聞こえる家族との会話も上品で、気品すら感じる。

「お父様、お母様っていう呼び方、現実にしている人がいるの初めて見ましたよ」

これが世に言う〈真性・箱入り娘〉というものだろう。

家族も決して派手ではないが、見る人が見れば価値の分かる良いお召し、というものを身に着けており、振る舞いからして付け焼き刃の成金とは訳が違うように思えた。

また、美少女に付き添う母親が、これがまたゾッとするほど美しかった。美し過ぎてこの世のものとは思えない。

「住む世界が違う人っているんだなあ、って。さすが京都だな、と」

エエもん見せてもらった、とばかりに、ぼんやりその美少女一家に見とれていると、フロントマンから声が掛かった。

「林様ですね。こちら、最上階のお部屋を御用意させていただいております」

最上階はスイートばかりが集まったフロアである。

「株主優待の手回しという奴で。小娘の受験如きにグレードのお高いホテルの中でも最高級グレードのゴージャスツイン・スイートとか、別の意味で落ち着かないったらないです。まあ、親戚がおかしかったというより、あの時代がおかしいんです、時代が」

さすがに場違い過ぎて挙動不審になりつつ、荷物を運ぶボーイの後を付いて上がると、あの品の良さそうな美少女一家も同じフロアのようだった。

「ちなみに同じ最高級スイートのフロアに家族を同伴せずに一人で泊まっていたのは、私の他にもう二人いましてね。多分、みんな親や親戚の過保護なサプライズにしてやられてたんじゃないかと」

初日の晩は、ゴージャス過ぎて落ち着かない部屋を出て、ホテルのレストランで晩餐を済ませた。自分と同じく家族を帯同せずにスイートに一人宿泊していた他の二人と何となく顔見知りになって親しくなった。以後数十年続く付き合いの仲になり、幾つかのエピソードを共にすることになるのだが、ここではその件は割愛する。

さて、明けて二日目は朝から試験だった。

同じフロアに泊まっている一人宿泊組とも試験会場で顔を合わせ、少し気が楽になったが、結果のほうは散々だった。多分ダメだろう。

本命とはいえ、「もし受かればラッキー」くらいのつもりでいたので、精神的なダメージはそれほどでもなかった。

後はもう一泊して帰るだけである。

家族の目の届かないところで、夜の一人遊びなどする機会は当時の林さんにはあまりなかったので、ちょっと背伸びをしつつ補導されない程度に夜の京都を満喫した。

ホテルに戻ったのは、十二時前。

門限はないのだからそれは気にせず、存分に遊んで帰ってきた。

フロント以外誰もいないロビーでエレベーターを待つ。

空っぽのカーゴに乗って最上階へ。

エレベーターのドアが開いた瞬間、息を呑んだ。

スイートのフロアは物々しい雰囲気に包まれていた。

例の麗しい美少女が、救急隊員に背負われて運ばれていた。

その後を父親が付き添っている。一切の血の気が抜き取られているかと見間違うばかりに蒼白になった顔に、表情はない。

その父親の後ろには誰かを乗せたストレッチャーが続く。

救急隊員がそれを押し、制服を着たホテルマンが険しい表情で歩く。

深夜ということもあってか、その異様な集団は一言も言葉を発さない。

高そうなカーペットの上を滑るストレッチャーからは、車輪の音すら聞こえない。

辺りを警戒していたホテルマンが顔を上げたとき、一瞬こちらを見た。

——何も聞かないでくれ。何も問わないでくれ。答えられない。

そのように拒絶されている風に感じられた。

このとき、咄嗟にエレベーターの扉を閉めた。

本来なら彼らが乗るのを待つべきだったかもしれない。

いや、あの美少女とその家族がどんな家の人々かは知らないが、伝統も格式もある家柄の者達であろうことは想像に難くない。ならば、他の客とは会いたくないはずだ。

まして、ストレッチャーが同行しているのだ。家の恥を晒すなどもってのほかだ。

きっと、ワゴンなどを運ぶ業務用のエレベーターを使うだろう。そうに違いない。

林さんはそのままエレベーターで一階まで戻った。

美少女とその家族を運ぶ一群は自分より先に下りたのか、それとも通用口のほうからそっと外に出たのか、ロビーには現れなかった。

すぐには自分の部屋に戻る気になれず、近くのコンビニまで出向いて雑誌を買った。

遅い時間であっても店に人の出入りがあることに少し安心し、部屋に戻った。

零時を過ぎたホテルは静まり返っていて、つい先程、何か物々しい出来事があったのだということなど微塵も窺わせなかった。

雑誌の頁を捲っているうちに眠気が訪れることを期待したが、結局眠れないまま朝を迎え、チェックアウトした。


気分転換したい。

受験は散々だったし、昨夜の不可思議な物々しさも気には懸かるが、京都の記憶をもう少し良いものにして帰りたい。そう思った。

そうだ。京都に折角来たのだから、三十三間堂に寄って帰ろう。

そもそも、三十三間堂の阿修羅像が好きで、その最寄りにある大学を受けてみようという気になったのだ。

興福寺の少年のような面持ちの阿修羅様も捨て難いが、林さんは三十三間堂の荒々しい顔付きの阿修羅様のほうが、より好みである。

一月終わりの三十三間堂は京都の行楽シーズンからも外れていて、寒さ厳しく観光客の姿も殆ど見かけない。

阿修羅様にお目通りして、思う存分拝観して帰ろう——。

そんなことを思いながら境内を歩いていると、不意に声を掛けられた。

「お嬢ちゃん、お嬢ちゃん」

お嬢ちゃんと呼ばれるほどに幼くはないつもりだが、と振り向くと、地元の人らしい老人が林さんを見つめていた。

「お嬢ちゃん、あんた……こう言うたら悪いけど、何か……見たらあかんもん見ぃひんかったか？」

見たらあかんもんと言われて、このときは咄嗟には何も思い至らなかった。

柔和な顔をした老人は、一介の女子高生に過ぎない林さんを睨めるうち、次第に表情を険しくしていった。

「お嬢ちゃん、悪いようにせえへんから、付いといで」

老人は林さんの返事を待たず歩き始めた。

害はなさそうに見えるが、何しろ見知らぬ街の見知らぬ老人である。

知らない人に行き先も告げずに誘われて、付いていってはいけない。

普段ならその当たり前の言いつけを守っていただろう。

だが、このときは素直に付いていくのが正しいように思えて、老人の後を追った。

老人は三十三間堂の南大門を出て塩小路通を渡ると、ひょいひょいと路地裏を歩いていく。

三十三間堂は初めてではないが、裏通りの隅々まで知っている訳ではない。

老人は小路を幾つか曲がると、近所の喫茶店に入った。

「お嬢ちゃん、ここやで。おいで」

そこは喫茶店と言っても地元の人しか相手にしないような、ごく小さな店だった。

住宅街の直中にある古い家、古民家というほどではないが相応にうらぶれた普通の古家の玄関先に手を入れて、カウンターに席が三つ四つ、というささやかな設えだ。

カウンターの内側にいる壮年のママが一人で切り盛りしているらしい。

ママは常連客であろう老人に一瞥すると笑顔を向けてきた。

「いらっしゃいませえ」

そして、老人の連れである林さんを見た瞬間、「あらあら」と声を上げた。

「あらあら、あらあら。お嬢ちゃん、あんた厭な思いしはったんやねえ。このお爺やんがお嬢ちゃん、見つけてくれはったんか。もう大丈夫よ。良かったわあ」

何が大丈夫なのか、何故〈見つけてくれた〉、なのかが分からない。

ママは、「ええよええよ、大丈夫よ」と繰り返し、コーヒーを入れてくれた。

何も請われず、何も急かされず、何も叱られず、ただ〈もう大丈夫〉とだけ言われた。

そのコーヒーの香りを嗅ぐうちに、見てはいけなかった〈アレ〉についての想いが込み上げてきた。

訳も分からず連れてこられた、見ず知らずの、縁もゆかりもない人々を前に、林さんは思いの丈を打ち明けた。

凄い美少女を見たんです。

ゾッとするほど綺麗なお母さんも一緒で。

昨日の晩、その美少女が連れ出されるところを見て。

そういえばあのとき、背負われた美少女、後に続くお父さんは見たけど、あのゾッとするほど綺麗なお母さん、見なかった。

そういえばストレッチャーで運ばれてた人、もしかして――。

話し終えると、どういう訳だか今度は涙が溢れてきた。

悲しくもないのに、涙が湧いて出る。

「あれ？　……何で涙……あれ？」

溢れる涙にハンカチを探していると、ママがおしぼりを差し出しながら言った。

「良かったね。お嬢ちゃん、もう大丈夫よ。あんた、とても影響を受けやすい人なんちゃう？　言われたことない？　でも、お嬢ちゃんに影響が出る前に今こうやって吐き出したやん？　せやから、もう大丈夫やで。コーヒー冷めてもうたね。入れ直そか」

ママはそう言って、カップを下げた。

「あの、私なんで泣いてるんでしょう」

「あのね、お嬢ちゃんが見たその綺麗な娘(こ)ぉな、鬼に憑かれてたんよ。お嬢ちゃん、それ見て鬼の影響受けはったんやね。せやけど、今ここでそれ吐き出してもうたからね。少なくとも、お嬢ちゃんはもう大丈夫」

京都は鬼の伝説が多い町ではあるが、鬼に憑かれる、とは。

そして自分も憑かれかけていた、とは。

林さんを店に連れてきた老人は、安堵の表情を浮かべた。

「いやー、お嬢ちゃんよかったなあ。わしな、そういうの分かるんやけど、分かるだけでどうこうする力とかないんやわ。ここのママさんは、憑いたはるのを出してくれはる人やから、この人のとこ連れてくれば何とかなる、思うてな」

老人は険しい表情も消え、すっかりニコニコ顔に戻っていた。

「お堂でお嬢ちゃん見かけたとき、こらあアカン、大事(おおごと)や！　て、思うたんよ。このまま放っといたらアカンようになる思うて。せやし、どうしよ思うたんやけど、こんなん急に言われても気持ち悪いやろ？　おいちゃん、お嬢ちゃんに声掛けたら不審人物やん。通報されたらどないしよう思うてん。素直に付いてきてくれるとは思わんかったわ。知らんジジィにほいほい付いていったらアカンで」

確かに普段なら絶対に付いていかないだろう。

どういう訳だか、親切に縋(すが)る縁に助けられたということらしい。

ただ、あの鬼憑きだという美少女のことが気になる。

そのことが表情の曇りとして出ていたのを、ママさんは気付いたようだった。

「お嬢ちゃん、その綺麗な娘ぉの心配しはる気持ちは分かるけど、やめとき。あんた、無事で済んだんやから、これ以上関わらんほうがええで。多分、その娘だけやないで。その娘の、ウン、きっと母親の血筋やろうね。……想像は付くけど、あんたはこのまま知らんほうがええわ」

——だって、そのお母はん、生きてはらへんで。

大学に受かったら、またこの町で鬼の気配に怯えることになるのだろうか。

「……まあ、その後、本命の大学には落ちちゃったんで心配も消えたんですけどね」

それでも、京都の秘密の一端に触れた、そんな気がした。

あの鬼憑きの少女がまだ生きているのだとしたら——今頃彼女は子を成している年齢である。

丁度、当時の林さんやあの美少女と同年齢くらいの子供がいてもおかしくない。

もしそうなら、彼女の母親がそうなったように、自分の娘に鬼を移して世を去るのだろうか。

京の夜に、今もあの鬼憑きの血族が息づいているのだろうか。

当たる話

いつだったかの夏の話。

林さんは母上を連れて出雲大社に参拝しに行ったことがある。

お住まいだった四国から日帰り参拝の強行軍であった。

早くに家を出たつもりだったが、到着したのは昼も過ぎた頃だったろうか。

この日だけが特別そうだったのか、いつもこうなのかは分からないが、さすがは出雲大社といったところだろうか。

出雲大社は本殿の他に、宇迦橋大鳥居、勢溜の鳥居、祓社、参道を通って手水舎で清め、本殿で拝み、八足門と回り、境内の殿舎を拝み、本殿の内部で西を向いている大国主命と正対するために本殿の西側からもう一度拝み……と、参拝の作法が細かく定められている。

やはり混み合うのは本殿である。本殿前は全国から集まった参拝客や外国人観光客で賑わい、ごった返していてなかなか列が進まない。

「いいよ、ゆっくり待とう」

二人は列に並んでのんびりと番を待つことにした。

林さん達より何列か前に、親子連れがいた。

四十代くらいと思しき夫婦と、小学生の男子。

列はそれなりに動いているとは思うのだが、余程列に並ぶのが気に入らないらしい。

「……なんだよ、このクソ行列はよ。前の奴、早く済ませろよ」

「ねえ、あんた。お賽銭って幾ら入れたらいいのかしら。どうせ、神主の稼ぎになるんでしょ？　だったら、五円でももったいない。一人一円でいいかしら」

「三人で一円あれば足りんだろ。こんなに客を待たせる神様にくれてやる金なんかそれだけあれば十分だ」

「ねえねえ、まだあ？　おしっこしたい」

「その辺でしてこい」

「ちょっとお、前の人早く進んでくれない？」

なんだこれは、と思った。

ここは出雲大社である。子供を連れてくるのがいけないとは言わないが、ここは近所の公園でも行楽地でも遊園地でもないのだ。

何とも罰当たりな。

少し不愉快な気持ちになったが、こんな家族に気持ちを引っ張られてはいけない。

平常心、平常心。

気持ちを宥めているうちに、漸く先の家族の順番が回ってきたらしい。

——パンパン。

一般的な神社は二礼二拍一礼だが、出雲大社は二礼四拍一礼で、ちょっと特殊な手順となっている。

両親は被った帽子も取らず、適当に手を合わせる。

子供は親の真似すらしない。盛んに母親の裾を引っ張って、「もう飽きた」と騒ぐ。

「あと、本殿の西側からもう一度拝むんじゃなかった？」

「もういいよ。こんなの一回拝んでやったんだから十分だろ。昼飯行こうぜ。どっか飯食うとこ探そう」

親子はぶつくさ文句を言いながら、石段を下りかけた。

まず、子供が転んだ。

次に父親が転んだ。

そして、母親が転んだ。

親子は手を繋いで歩いていた訳ではないし、将棋倒しになった訳でもない。

三人ともそこそこに距離を置いて石段を下りていたのだが、三人が三人とも次々に石段から転げ落ちた。

出雲大社本殿前の石段は、七段程度の短い階段である。

そのことは、彼ら親子にとっての唯一の幸運であったろう。

＊　　＊　　＊

いつだったかの正月の話。

神谷氏は家族共々地元の神社に初詣に行った。

配管工にして怪談蒐集家の神谷氏にとって、ゲン担ぎは大変重要である。

現場では事故があってはいけないし、怪談集めなど事故の要因をわざわざ招くような無体な所業である。故に、神様への無礼がないよう念入りに頭を下げる必要がある。

今年も無事でありますように、と心の底から希わねばならない。

真摯に手を合わせ、それからお守りなどをいただいていると、背後から怒号が聞こえた。

「つたく、とろい！　とっとと進め！」

「寒いわボケ！　はよせえ！　ボケが！」

正月の、しかも神社で発していいものではないだろう。

見ると、中年夫婦とその娘らしき二十歳前くらいの娘の三人組が騒ぎを起こしていた。

列が進まないのが腹立たしいのか、頻りにヤジを飛ばして前の参拝客を威嚇している。

そうかと思えば境内で煙草の火を踏み消し、参道に唾を吐く。

小雪の舞い散る中での順番待ちは確かに寒いが、寒いのは皆同じである。

苛立ちを隠さず見知らぬ参拝客にまで当たり散らす始末で、皆何となく道を空けている。

新年であるから心浮き立つ人もいるだろうが、元旦から怒り散らすのもどうかと思う。

怖いもの知らずというか何というか……触らぬナントカに祟りなしというか。

トラブルには関わりたくないと願いながら神谷氏は、参道を歩いて駐車場を目指した。

見ると、参道のすぐ脇に軽自動車が路駐されている。

もちろん、違法駐車である。

迷惑というか、非常識というか、マナーがなっていないというか。

それこそ、初詣のときにしか神社に来ないような輩の所業だろうか。

見ると、先程大騒ぎしていた無礼な親子が乗り込んでいくのが見えた。

やっぱり、というか何というか。

「せめて本殿から参道歩いて、鳥居を潜ってから境内を出るのが礼儀ってものだろうに」

このとき「罰当たっちまえ」と願った訳ではなかったのだが。

――ドーンンン!!

直後に派手な衝突音が響いた。

発進した車が、いきなり対向車と衝突したのである。

境内が騒然とする中、程なくパトカーと救急車のサイレンが近付いてくるのが聞こえた。

＊　＊　＊

「そういえば神楽坂にちょっと知られた神社があるんだけどさ。その神社の前で知り合いが転んだことがあったんだよね」

もう随分昔の話だ。

当人曰く、普通に歩いていて普通に神社の前まで来たとき、段差も何もないところで突然〈何か〉に躓いて転倒したらしい。

「それで、本当に何もないところで、スッテンって転んだらしいんだけど、それでいきなり足が折れたとかで」

神社で転ぶのってヤバイらしいよ——誰に聞いたんだったか覚えていないが、そんな話を急に思い出した。

なぜなら、喬木氏も同様にすっ転んだところだったからだ。

神社で。そして、何もないところで。

何かに躓いたかと思ったが、それらしいものは見当たらない。

「どうしたどうした」

それを見た同行者は笑い、それから真顔になって言った。

「神社で転ぶといいことないよ。気を付けなよ」

「そんなことあるかい」

喬木氏はせせら笑った。

翌日、交通事故に巻き込まれ、腕を一本折った。

かざぐるま

まつりさんは小さなタレント事務所に所属しており、地方局のテレビ番組でレポーターを担当することがある。

あるとき、レポーターとして京都のとあるお寺に出かけることになった。地方局の低予算の番組なので、ディレクター一人にカメラマン一人とまつりさんの三人での取材である。

事前にディレクターとカメラマンでいいシーンが撮れそうな場所を選んである。ナレーションはアフレコだと聞いている。まつりさんは、それぞれの場所で、ディレクターの指示通りに動き回るだけだ。

目的の寺に行くと、撮影中に、カメラマンがしきりと頭を捻っている。

「何かあったんですか？」

「あ。まつりさん、もう一回そこに立ってくれますか？」

指示を出された通りに、風車が何本も供えられたお地蔵さんの前に立った。

「やっぱり回るんだよなぁ」

首を捻るカメラマンの元に、まつりさんとディレクターも集まった。

何があったかと。

「彼女が立つと、近くの風車がぐるぐる回るんです」

風はない。まつりさんも振り返ったが、風車は一つも回っていない。

「あっちと、そこと、そっちに順番に立ってみて」

指示された場所に立つと、背後からカラカラと音がした。振り返ると風車が回っている。次の位置でも、その次の位置でも同様だった。

ディレクターとカメラマンが相談している。

「まつりさん、失礼なこと聞くけど、怒らないでね。ええと、まつりさん、今までに妊娠したことないですよね」

何ということを聞くのか。

まつりさんがありませんと即答すると、ディレクターは頭を下げた。

「デリケートな話なのにごめんなさいね。この風車が刺さってるのは水子地蔵だから、まつりさんに何かあったらいけないなって思いまして。ここの撮影は中止して他の場所で撮りましょう」

番組では、その寺でのお地蔵さんのシーンは放送されなかったという。

トムラウシの妖精

「りっちゃん、りっちゃん、ちょっとええか」

　はいはい、何でっしゃろ。

「ワシが山登るんが好きなんは知ってるな？」

　へぇ、よう知ってます。ここ、それの専門店やし。

「この前トムラウシ行ってな」

　何しに？

「登りに行ったたに決まってるがな。まあほんで上手いことトラブルもなく済んだもんやから、予定よりちょっと日にちも余ったし温泉でのんびりしようと思うた訳や」

　温泉。羨ましいわぁ。

「国民宿舎が九月から暫く改装で休館になるから、今のうち泊まっとこと思てな」

　ああ、あの、不安で一杯になるくらい山道を車で走った先に、ぽつーんとある一軒宿ですな。風情があってよろしおすなぁ。

「せやろ？　温泉浸かって美味しい御飯食べて、ちょっと飲んでええ気分でぐっすり寝てな。早(はよ)うに目が覚めたから、散歩行ってん」

　早朝の散歩は気持ちええですわねぇ。

「まあ山ん中のお宿やからな、ちんまい生きモンもようけ出てくるし、ここいらでは見んような植物も生えとる。それを見るんが楽しみでな、絵手紙の水彩キット持ってぶらぶらしてん」

ああ、旅先から時々いただいてるアレ。私も楽しみにしてますねや。

「ほうか、おおきに。まあほいたらな、目ぇの下のほうでな、赤いモンが動いた」

赤いモン？　何ですのそれ。

「赤鬼みたいのがおってん。頭も身体も真っ赤なんがな。ワシの脹ら脛くらいやから、三十センチっちゅうとこやろか」

赤鬼て。あの、もじゃもじゃ頭の？

「そう、そのもじゃもじゃの雷さんみたいな奴や。それの角がのうてな」

角のない雷さんがトラのパンツで立ってたと。

「トラやのうて、緑のパンツな。エメラルドグリーンの鮮やかなん、穿いとったわ」

み、緑!?

「おう。ヨモギみたいな草ァ束ねたんをこう、右肩に担いでな」

サンタさんみたいに？

「そうそう。ほんで道端の叢に立っててな、ワシを見上げとる訳や」

目が合った、と？

「そらもう、バッチシ」

マ、マジですか。

「マジや。ワシ吃驚し過ぎて声も出んくてな、つい一歩下がってもうた」

で、どないなったんです？

「ワシと目ぇ合わせたまんま、ニカッて笑（わろ）うてん」

……は？　笑うた？

「うん、ニカッってな。こう、『ヨッ』てな感じに左手上げてから、茂みん中にジャンプしてそのまんま消えた」

へぇぇ。何や、おっさん臭うおますな。

「ま、ワシもおっさんやけどな。あれな、ワシがおらんかったら道路渡りたかったんやないんかな。ほうやったら気の毒なことしたわ」

——そういうお人やから、あららさんも挨拶したかったんとちゃいますか。

満月の夕べ

～月よりも青く

由貴さんという少女がいる。
いや、今年で二十一歳になる。少女ではなく、もう大人の女性だ。
明るく、快活に喋る。
普段はそうと感じさせないが、ごくたまに表情に陰が差す。
そしてまた、笑みでそれを隠す。
彼女には秘密がある。

「これ――」
どう思いますか？　と由貴さんが差し出したスマホ。
そこには、由貴さんともう一人の少女が映っている。
佳人である。
由貴さんも美しいが、もう一人の少女の整った顔立ちには引き込まれそうな艶がある。
親友、というものなのか、二人はとても近しい間柄に見えた。
撮影されたのは比較的最近であろうか。今日の由貴さんの髪型と変わらない。
由貴さんは笑みを浮かべている。

もう一人の少女は、何処か薄幸そうな雰囲気を漂わせている。

そう思えるのは、画質のせいかもしれない。室内照明を点けず、またストロボライトも点けず、薄暗い部屋の中で撮影されたものらしい。

しかし窓から漏れた星明かりか月明かり程度で、こんなに明るく映るだろうか。

まるで肌が発光しているような。そんな違和感がある。

そう思い直して、スマホの画面を拡大してみる。

少女の顔は透けるような美しさ——ではなく、透けていた。

青白い頬の向こうに、部屋の窓が透けて見える。

由貴さんの細い顎と、少女の顎の先が重なり合っているのである。

「この子、早紀って言います」

由貴さんは、言い淀んで呑み込みかけた言葉を繋いだ。

「私のとても大切な人」


二人が出会ったのは、高校二年の春であった。

由貴さんの通っていた高校に、中途編入という形で転校してきたのが早紀さんである。

早紀さんは、佳人であった。

スッと伸びた背筋と嫋（たお）やかな様は、同年代の同級生達のどれとも違った。

特別なことは何もしていないのに、自分達と同じ高校二年生のはずだのに、彼女の凛とした佇まいは、由貴さんを魅了した。

この子と言葉を交わしたい。

この子と触れ合いたい。

この子とともに在りたい。

友になりたい、というのとは違う。そんな、畏れ多いような気がした。

さりとて、崇めるというのとも違う。

ただただ、惹かれたのだ。

早紀さんは、佳人であった。それ故なのか、何処か人を寄せ付けないような、そういう膜のような隔たりを感じることはあった。

決して人当たりが悪い訳ではない。穏やかで、静か。

ただ、必要以上に踏み入ることを許してはくれない。そんな微かに遠い距離感がある。

由貴さんは諦めなかった。

邪（よこしま）な言い方をすれば、アタックをやめなかった。

様々にアプローチし、自身の存在を早紀さんに刻もうと心がけた。

何も望まないから。

ただ、いつも傍らにいたいだけだから。

それは恋心にも似た――いや、それそのものだったのかもしれない。

やがて、二人はいつもともに在るようになった。

疚しいところは何一つない。深い友情で結ばれた親友同士のように見えたろう。ただ、二人の結び付きは友情よりも深いところにあった。少なくとも由貴さんはそう信じている。

それを親愛という呼び名で現していいかどうか、分からない。


一年が過ぎた。

高校三年の初夏を迎える頃のこと。

由貴さんは朝、必ず早紀さんの家を訪ねた。

この一年というもの、登下校は必ず二人一緒だった。

一分一秒でも長く、一緒にいたかったからだ。

この日の朝も、いつものように早紀さんの家を訪ね、呼び鈴を押した。

反応がない。

ブザーは鳴っているのだろうと思うのだが、家の中に動きがない。

いつもの朝なら、まず早紀さんの母親が呼び鈴に応える。そして、急かされた早紀さんが少し照れたような笑みを浮かべながら出てくる。

そのはずなのに、家は静まり返ったままだ。

繰り返し呼び鈴を押す。

次第に、ボタンを押すペースが速まっていく。小学生の悪戯を疑われるほどに押す。

それでも返答はない。

家全体に人の気配が感じられない。

昨日、別れるときはどうだった。

いつもと何も変わらなかったはずだ。

身体の具合が悪いなんて、そんなことがあったら真っ先にこの私が気付いているはずだ。

胸騒ぎがする。心が焦れる。

意を決し、由貴さんは庭のほうに回ってみた。やはり、人の気配はない。

窓という窓はカーテンで閉ざされている。リビングに明かりはない。

いないの？　何で？

由貴さんは周囲をぐるりと回って、もう一度玄関に戻った。

早紀は何処？　何処？

早紀さんがいなくなるなど、考えもしなかった。

焦燥に襲われつつ振り向いたポーチの片隅に、真新しい白い封筒があった。

飛びつくようにしてそれを手に取ると、表書きがある。

『由貴へ』

早紀さんの字だった。

封はない。折り曲げただけの封筒の中には、便箋が数枚押し込まれてあった。

一枚目の便箋に、こうあった。

『心配しないで。必ず戻るから。必ず』

二枚目、三枚目の便箋は空白。何も書かれていない。

普段の整然とした早紀さんの筆とは掛け離れた乱れた筆致に、彼女の置かれた状況の切迫感が窺えた。

「そうだ、電話」

携帯電話を開く。

通話履歴は早紀さんのものばかりが並ぶ。

短い呼び出し音のあと、通話は繋がった。

『この電話は電波の入らないところにいるか、電源が入っていません』

切った。また掛けた。

『この電話は──』

何度掛けても同じだった。出ない。


この後の記憶は飛び飛びで、何処をどう歩いて学校まで辿り着いたのか覚えていない。

早紀さんの家の前にどれだけいたのか、授業に間に合ったのか間に合わなかったのか。

授業には出たと思うのだが、いつから授業を受けていたのかが思い出せない。

早紀さんのいない教室で、由貴さんはぼんやり時を過ごした。

朦朧として、記憶に靄が掛かったようだ。

ただ、携帯は手放さなかった。

通話がダメなら、メールを。ショートメッセージを送る。

『今何処にいるの？』

『大丈夫？』

返事はない。

もう少し待てば、返事があるんじゃないか。僅かな期待を胸にメールを送り続ける。

教室では、早紀さんが登校しなかったことについて、何の話題にもなっていなかった。

思えば早紀さんに近付こうとし続け、それに成功したのは由貴さんだけである。

その後も早紀さんの微妙な心の被膜をかいくぐって彼女に近付こうとした級友はいなかった。

だから、由貴さんを除いて誰も早紀さんの心配などしないし、興味も持たない。

先生も特に触れなかった。

何か特別な事情があるのかもしれない。早紀さんからの手紙についても、これは誰にも口外してはいけないものなのでは、と思えた。

だから黙っていた。

それが早紀のためだから。私は早紀を信じてるから。

早紀を待つんだから。

翌朝、再び早紀さんの家を訪ねた。

もしかしたら昨日は何か急な用事ができて、ほんの少しだけ家を空けていたのかも。

だって、必ず戻るって早紀は言っていたし。

由貴さんは自分に言い聞かせるようにして早紀さんの家に辿り着いたのだが、その淡い期待は砕け散った。

早紀さんの家の前には物々しいトラックが停まっていた。

玄関のドアは開いていて、数人の男が出入りしている。

いずれも見覚えのない者達である。

筋者（すじもの）と思しき独特の雰囲気を漂わせる強面の男が、苦々しい表情で指図をしている。

家の中にあった家具、家財を洗いざらい運び出している様はおよそ引っ越し業者には見えなかった。

「あのう……すみません、早紀さんは」

家の鍵を開けられるのだから、もしかしたら関係者なのかもしれない。

一縷（いちる）の望みを胸に、指図していた男に声を掛けてみる。

「ねえちゃん、誰や」

男は不審げな表情を隠そうともせず、睨み付けてきた。

「あの、この家の子の同級生で……」

正直怖かった。けれど、僅かでも手掛かりが得られるならと、震える声を抑えながら事情を訊ねてみる。恐らく、彼らが真相に最も近いだろうと思われたからだ。

男は忌々しげに言い捨てた。

「逃げたんよ。夜逃げよ、夜逃げ。借金踏み倒しよって、ドロンよ」

ああ――。

手紙の意味が分かった。そうか。そういうことか。

早紀さんの両親は勤め人ではなく、家で商売をしていると聞いたことがあった。

その商売が上手くいっているのかいないのか、そんなことは聞いたことがなかった。

早紀さんは家のことなどおくびにも出さなかったし、そんな弱味を人に見せるようなことは一度だってしたことはなかった。

「……ねえちゃん、ここんちの娘とトモダチか。せやったら、アレか。何処へ行くとか聞いてへんか」

この借金取り達も早紀さん一家の行く先について手掛かりはないようだった。

由貴さんは、こちらが聞きたいくらいです、とだけ答え、足早にその場を離れた。

詳細を早紀さんは書き残さなかった。用心もあっただろうが、それ以上にそんな暇もないほどの、急な、突然の夜逃げだったのだろう。着の身着のままに家を連れ出されるその最中、走り書きした書き付けを託すのが精一杯だったのだろう。

由貴さんは泣いた。

はらはらと零れる涙の向こうに消えた早紀さんを思って、ただ泣いた。

あの高三の初夏から三年が過ぎ、そして現在に至る。

早紀さんがその家族ごと失踪したのを知ったあの日の晩は、満月だった。

その晩に、それは始まったという。

満月の晩、深夜零時を回ると由貴さんの部屋が月明かりに満たされる。

青白く光る、その光の中に早紀さんが現れるのだ。

曇天であろうと雷雨であろうと関係がない。月齢が満月を示すその晩に限り、青白い光の中に必ず現れる。

二十八日ごとに、必ず。三年前のあの晩からずっと、それは続いている。

早紀さんはただ現れるだけではない。

由貴さんと言葉を交わす。

――今どうしてる？

――逢いたいね。

――そうだね、逢いたい。

早紀さんは約束を守り、由貴さんに逢いにきた。

二十八日ごとの逢瀬を欠かしたことはない。

由貴さんは、青白い光に包まれて早紀さんが現れることについて、何の疑いも持っていない。

どんな姿でもどんな形であっても、早紀さんと逢えることが重要であり、それが全てだからだ。

二人は寄り添う。

そして手を取り合う。

頬を寄せる。

ただ、触れ合うことは決してできない。

手を握り合っても、早紀さんの感触も体温も感じることはできない。

早紀さんの頬も、手も、そして全身がうっすらと透けている。

彼女はここにいて、ここにいないのだ。

由貴さんは触れ合えないながらも、早紀さんを抱きしめる。

それは形だけかもしれない。それでも満たされる。

早紀さんの安らかな微笑みは、かつて日々を一緒に過ごしてきたときよりも、ずっと柔らかいもののように感じる。

全てが終わった後のような、そんな満たされた暖かさを感じるのだ。

時折、その微笑みに吸い込まれそうになる。

早紀さんの唇を見つめるうち、そこに自らの唇を重ねたくなる衝動に駆られる。

それをしてしまったら、終わってしまうのではないか。

早紀さんがもう二度と現れなくなってしまったら。

それだけが恐ろしくて、耐えている。

「こんな話、信じてもらえないかもしれないけど。早紀は、生霊になって私に逢いに来てくれていると思うんです。いつかきっと、現実に逢えると思うんです。だって、必ず戻ってくるって、早紀はそう言ってた。だから、待ち続けようって思ってるんです」

由貴さんは、それを〈生霊〉だと言った。

早紀さんは生きている、と。何処かにいると。

「早紀と逢える日が来たら、私の本当の気持ちを伝えようと思うんです」

彼女は、そう言った。


爾後。

いつか逢える日が来るといいですね、と挨拶した後、由貴さんを紹介してくれた人がぽつりと呟いた。

「……多分ですけど、由貴さんの〈その日〉は叶わないんじゃないかなって」

恐らく、早紀さんはもう。

由貴さんも本当はそれに気付いているんじゃないか、って。

「――大切な人なんです」

由貴さんの最後の言葉が、繰り返し繰り返し心の奥底に響いて沈んでいった。

膝カックン

杉下さんという四十代の女性が池袋で遭った体験である。

彼女は車通りの多い道を渡ろうと信号待ちをしていた。片手に白いレジ袋を提げている。昼食の後で書店に寄った帰りなのである。

唐突に膝の裏をグッと押された。所謂膝カックンといういたずらを受けたような感触に、思わず振り返った。しかし周囲には誰もいない。

今のは何だったのかと怪訝に思いながら、信号を待ち続けた。内心ではこの交差点から別の場所に移動しようかとも思ったが、そうするとオフィスまでは相当な遠回りになる。

どうしようかと思い悩んでいると、再度膝の裏を強く押されて、今度は転びそうになった。もし転んだならば、車道に転げ落ちて、最悪の場合交通事故で無事には済まない。イタズラにしては悪質だ。

確認してもやはり周囲には誰もいない。

歩行者信号が青に変わった。一歩を踏み出そうとしたときに、やはり膝の裏を強く押され、彼女は頭から道に転がりそうになった。

「てめぇ！」

振り返りざまにレジ袋で空中を薙ぎ払うと、袋の底に何かが当たった感触が伝わった。

その瞬間、半透明の人型をしたグレーの影が見えた。その影の頭部にレジ袋が直撃したらしい。

バランスを崩した杉下さんは、尻餅をついた。

グレーの影の口元は驚いたような形をしていた。

影は身じろぎもせずにそのまま消えてしまった。

影が消えた直後、それまで空中に留まっていたレジ袋が重力に引かれてすとんと落ちた。

起き上がった杉下さんが袋の中を確認すると、書店で買ったばかりのハンディ般若心経がズタズタに千切れていた。

豊島郵便局前交差点

杉下さんは年に数回、地方から都内に出張で出てくることがある。そのたびに会社が取ってくれるのは、池袋にある大きな商業施設に併設されたホテルだ。

一日中座り仕事をしていると、どうしても運動不足になる。そこで滞在中には、朝か夕方のいずれかに、彼女はその商業施設の周りをランニングすることにしている。

その日の夕方も歩道を走っていると、施設のバスターミナルを通り過ぎたところで信号に引っ掛かった。大きな郵便局が交差点の向こうに見えた。

待っていると信号が青に変わった。走り出そうとしたが足が動かない。視線を下に向けると、灰色の手が黄色い点字ブロックから生えて、足首をがっちりと掴んでいた。

杉下さんは振り解こうともがいてみたが、手は足首を掴んだまま離れない。ついにはその場にへたりこんでしまった。

歩行者信号が点滅を始めた。交差点の向こうから、郵便局員の制服を着た男女が杉下さんのほうに駆け寄ってきた。

「あ、いや、大丈夫です。すぐ立てると思いますので」

足首を掴んでいるこの手が、他の人に見える訳でもないだろう。きっと自分が立ちくらみか何かを起こしたのだと思われたに違いない。

気恥ずかしかった。

しかし郵便局員は言った。

「大丈夫ですか。この交差点は、あなたみたいに足を掴まれて転ぶ人が多くって」

面接

上野にある芸術系大学に通っていた弘樹君は大学院へ進学し、時間的に余裕ができたこともあって池袋周辺でアルバイトを探していた。

アルバイト情報雑誌で見つけたのが、とある高層ビルの商業施設内のレストランだった。

電話をするとすぐに面接日が決まり、当日店舗に出向いた。

彼はホテル内のレストランでアルバイトをした経験があったため、話は順調に進んだ。

具体的な条件と勤務時間の話に入る前に、珈琲とケーキが出された。

担当者と雑談をしながら珈琲を飲んでいると、厨房の奥から何かザワザワと声が聞こえる。

仕込みのために厨房に入っている人達もいるが、それにしてもあまりに大勢の気配だった。

「厨房のスタッフさん、大勢いらっしゃるんですか？」

素直に思ったことを口にした。

店長は、そうだねと答えたが、詳しいことは言わなかった。

弘樹君が珈琲を飲み終わると、勤務する店舗の話になり、レストランのフロア経験があることを理由にグループ店の中でも一番多忙とされる店での勤務を提案された。そちらだと時給が百円アップするという。

交通費も出るし時給も高くなることに比べれば、通勤に十分程余計に時間が掛かることくらい何でもない。その場で承諾し、三日後からシフトに入ることになった。その日は実際にバイトに入る店まで車で送ってもらい、店内の説明を受けた。

弘樹君は無事働き始めたが、やはりその店舗はハードな職場だった。

しかし、レストランでの経験のおかげか、一カ月もする頃には可愛がってくれるお客様も付くようになった。歳の近いスタッフとも仲良くなった。

働き始めて三カ月ほど経った頃のことである。オフの日に私用で銀座にいた彼は、偶然に常連の夫婦と出くわした。

店長の友人でもあるという二人に誘われ、一緒にランチをすることになった。

やはり接客業を営んでいるという夫婦の話は面白く、打ち解けた雰囲気で楽しい時間を過ごした。最後にデザートと珈琲が運ばれてきた。

すると奥さんがそれまでとは違う口調で話し始めた。

「君はあの店で長く務まりそうだから教えておくわね」

弘樹君は面接を受けた店舗の入っている施設の歴史を教えてもらった。彼はそこが東京拘置所、また巣鴨プリズンの跡だということを初めて知った。

語られる歴史を聞くうちに、ふと一つの疑問が浮かんだ。

「あの、忙しいうちの店よりもあちらのビルの厨房スタッフの方が多いのはどうしてなんでしょう？」

その言葉を聞いて夫婦が顔を見合わせた。

「やっぱり感じる子は分かるのねぇ」

奥さんのあとに御主人が言葉を続けた。

「あそこのスタッフは実際は君の今いる店の半分しかいないんだよ」

「面接のときに人がいたの感じたのね？」

弘樹君は黙ったまま頷いた。

彼が教えられたのは面接をした店で人の気配を感じたり、いるはずのない人の姿を見てしまったりする人間が稀にいること。そのまま店で働いていると必ず大怪我をしたり、体調を崩してしまうこと。

「あの店舗で面接をして、そこで何かを感じているような子は他の店に回すの。だから弘樹君は他の店に移されることはあっても、あそこの店を担当することはないわよ」

ただ聞くしかなかった弘樹君だったが、一年以上経った今でも同じ店で働いている。もちろんあの御夫婦は今も常連として通ってくれている。

指虫

涼子さんが高校時代の話である。

掃除をしていた友人の持ち場は、弓道場脇の生垣だった。園芸課の先生達が剪定した後の、枝や葉をまとめて、ゴミとして廃棄することが主な仕事だった。

枝をまとめていると、大きな尺取虫が目に入った。

「うわ、でか！」

思わず声に出してしまう大きさだった。これは友人にも見せよう。

尺取虫が張り付いている枝を掴んで持ち上げ、すぐ近くで見てみると、その尺取虫の先に人の指先にあるのと同じ爪があった。

——やたら血色のいい尺取虫。でも尺取虫にしては、曲がっているのが二箇所。

そこで叫び声を上げて枝を放り投げた。すると、何かあったのかと、周囲の同級生が何人も集まってきた。

さすがに指が枝を這っていたと言っても信じてもらえないと思った涼子さんは、ごまかそうとした。

「いや、そこの枝掴んだら、尺取虫がいて吃驚したの。驚かせてごめんね」

男子の一人がその枝を掴んで持ち上げた。

「尺取虫、おまえの声で逃げたんやな。おらん——あれ？　指輪が引っ掛かっとる」

涼子さんが爪のある尺取虫を見た枝の先に、細いシルバーのファッションリングが引っ掛かっていた。

指輪は落し物として教師に渡したため、その後の行方は分からない。

涼子さんはといえば、それから三十年経った今でも、その話が出るたびに、頑なに爪のある尺取虫だと言い張っている。そう思わないと怖過ぎるからだという。

いちまさん

佳寿子の家はある地方の旧家だ。

この辺りでは長男が生まれると、端午の節句とは別に雛人形の「左大臣」を準備する。女児の場合はもちろん雛人形な訳だが、ここは本家筋だからお内裏様二体ではあるが代々の人形が残されている。

それだけではなく、女児が生まれると姉妹人形として市松人形を贈られる。

通称「いちまさん」と呼ばれるそれは大体どれも七十センチから八十センチはある代物で、一つの家に雛人形は一対でも「いちまさん」は女児一人に一体ずつ充てがわれるのだとか。

故に桃の節句の時期はお雛様の両側にその家の娘の人数分の市松人形が並ぶことになる。

そうして娘が嫁入りしたり出産したりすると漸くお役御免となるのだそうだが、つまりは女児に降り掛かるかもしれない災厄を引き受ける身代わり人形の側面が強いのだろう。

佳寿子が祖父母から贈られたのは七段飾りの雛人形だが、桃の節句の間は受け継いだ人形はできるだけ全て飾るのが習わしだ。従って雛祭りの座敷はズラリと並べられた人形でなかなか壮観なことになる。

人形の数が数であるし全部は出せない年もあるのだが、それでも主なお内裏様といちまさんだけは必ず毎年飾るようにしていた。

だが、佳寿子が十五、十六歳の二年間だけ、理由は覚えていないがいちまさん以外の人形を出せなかったことがある。

「今年も出せなかったねぇ。来年こそ出さなきゃ」

四月三日、母や祖母がそう話していたのを覚えている。

その年の七月、期末試験が終わったその日、ホームルームの最中に佳寿子は突然昏倒した。病院に向かう救急車の中で救急隊員の問い掛けに一度は目を覚ましたものの、名前と生年月日を答えた後、再び意識を失った。

原因は不明だが腎機能のみ著しい低下が見られ、すぐにICUに入れられた。

その夜遅く、母方の祖母の弟である大叔父から電話があった。

「今夜はえろう眠うて仕方のうてな、夕飯の後すぐ横になったんや。ほいたら夢の中で婆さんがな、『佳寿の人形、佳寿の人形』ってそればっかり言うもんやでな」

何だか落ち着かなくて堪らずに電話をした、という。

大叔父の言う「婆さん」は、今は亡き大叔父の母であり佳寿子にとっては曾祖母のことである。曾祖母は大変勘が働くというのか、丑の刻参りをしている人を見つけては家に連れ帰るということをする人であった。

幼かった佳寿子にも不思議な力を持った人として記憶に残っている。

親戚の誰にも佳寿子が緊急入院したことは話していない。にも拘わらず、その曾祖母が大叔父の夢枕に立って、人形を気にしている。

真夜中だというのも構わず、母と祖母二人掛かりで家にある全ての人形を押し入れから出して座敷に並べ、朝一で町内の花屋に駆け込んだ。季節的に手に入らない桃の花の代わりとばかりに、目に付く限りのピンクの花を買い込んで飾り付け、ちらし寿司を作る。

遅まきながらの、「桃の節句の祝い」である。

佳寿子の意識が戻ったのは、その日の午後だった。

自分が何故そこにいるのか、腕から伸びる点滴の意味が分からなくて酷く混乱した。だがそれから一時間も経たぬうちに激しい尿意を覚え、何度もトイレへ駆け込むこととなる。

尿意もさることながら、その量たるや半端なものではなかった。昼過ぎから夕食までの間に二十回近くはトイレへ行っただろうか。

その様子に再び検査してみたところ、「尿量は異常だが、他の数値は全て正常」とのこと。駆け付けた家族だけでなく、医師や看護婦でさえもただ唖然としていた。

その後、医師との相談の結果、もう一晩だけ様子を見ることになり、ナースセンターの隣の部屋に一泊した。

翌日の検査では全て異常なし。夕方には退院した。

その後はすっかり復調していつも通りだ。

人形は十日程飾った後、包む和紙や箱も全て新しいものに替えて再び押し入れにしまった。

次の年からは忘れずに主立ったお雛様といちまさんを出して飾るようにしている。

大学進学と同時に家を出たのだが、その頃から佳寿子のいちまさんの手足に時々細かい擦り傷が付くようになった。

この地域の風習で桃の節句の間は、いちまさんにはお宮参りに使用した娘の晴れ着を着せる。普段収納時に着せている浴衣から着替えさせるのだが、そのたびに新しい傷ができているのだ。顔は綺麗なままで、手足にだけ。

だが、誰も人形の置いてある座敷でそのことを口にはしなかった。

——人形の前で言うべきではない。

誰もが何となくそう理解していた。

暫くはそんな感じで人知れず頑張っていてくれたのだろういちまさんは、この十年新しい傷が増えることもない。

——何せ未だに嫁入り前だから現役なのよ、と笑っていた彼女の訃報を聞いたのはこの話を預かった七カ月後の秋。

体調を崩し、仕事を早退してそのまま。

彼女のいちまさんがどうなったのか、確かめる術はない。

開かずの扉

昭和初期、つまり今から一世紀ほど前の話になる。

和子さんの祖母は清という。彼女は元々四国の出身だったが、結婚を機に東京に移り住んだ。夫である銀一郎は海運関係の会社に勤めていた。会社ではヨーロッパからの舶来品を中心に扱っていた。銀一郎は当時には珍しく洋行経験があり、語学が堪能だったことも幸いして、会社では外国人との交渉役として重宝がられていた。

仕事上だけでなく、プライベートでも滞在する外国人達と家族ぐるみの付き合いをし、細かく行き届いた気遣いで彼らからの信用も勝ち得ていた。会社のほうも、そんな彼を信用して、外国人達からの様々な相談事の窓口を一任していた。

あるとき、銀一郎は、商用で滞在している英国人のワトスン氏から相談を受けた。氏は五年ほどの任期のために銀一郎の勤務する会社のゲストハウスで生活を送っている。相談事とは、その屋敷に関するものであった。

暮らしている家は、大変良いもので自分は満足している。そう告げた後で、彼はただ一つだけとても気になることがあるのだと付け加えた。

事情を訊くと、彼は屋敷にはどうしても開かない扉が一つあるのだと困った顔を見せた。

その扉は廊下の突き当たりにあり、奥には部屋があるという。鍵が掛けられているが、会社から渡された鍵はその扉の錠には合わない。気になるので家の中も色々と探してみたが、合う鍵は何処にもなく、外からは窓に鎧戸が閉められているため、中を覗くこともできない。

「実際に来てくれればその部屋のことはすぐに分かるはずなのだけれどもね。会社の担当者にも一度相談をしてみたが、結局その人は来てくれなかった。そこであなたに相談することにしたんだ」

担当者はそんな部屋があるはずがないとの一点張りだったと、ワトスン氏は不服そうな顔を見せた。


「今日はそんなことがあってね。近いうちにそのお屋敷に行くことになった」

会社から戻った銀一郎は、浴衣に着替えながら清に語った。

清も、外国人達の間に、困ったら何でも銀一郎に相談すればいいという話があるとは聞いていた。夫が雑用に忙殺されるのは心外だったが、優しい彼は困っている異邦人を放っておく心根ではない。

「お屋敷の担当は、ほら君も知っているだろう。天野君だよ。恐らく彼もごまかすつもりなど毛頭なかったのだろう。元々彼の手元には正確な図面もないし、そもそも屋敷を手に入れたときからそんな鍵も預かっていないのだ」

ゲストハウスが元々華族の一人が建てたものだということは、銀一郎も聞かされていた。

その屋敷にはその華族の愛人が独りで住んでいたらしい。彼女が亡くなり、売りに出された物件を会社が買い上げたのだ。表には出てこない話だが、要は色々と訳ありなのだ。

「それで、あなたはどうされるんです」

「一度僕のほうで状態を確認して、何とかできないか上に掛け合ってみるよ。あと工事の下見でお屋敷に行くときには、君にも一緒に来てほしいんだ」

銀一郎は、時折仕事の現場に清を同伴することがあった。最初は戸惑ったが、外国人相手の会食などでは夫人同伴でと告げられることもあり、今となっては彼らの前に同伴で出向く用件は珍しいことではない。

ただ普段とは違って、今回何故同伴する必要があるのかについて、銀一郎は理由を何も話さなかった。正式な仕事でもない用件であることから、単に仕事帰りに一緒に食事でもしようと思ったのか、それとも何かしらの予感があったのか、それは分からない。

彼は早速知り合いの大工に連絡を取り、下見のための日程を詰めた。上司にもワトスン邸の状態を伝え、彼が今回相談を持ちかけてきた「開かずの間」に、何があるのか把握できていないのは、会社の管理責任上問題があるのではないかと伝えたらしい。

結果、銀一郎はこの件について、一切の担当を任されることになった。

※

職人を伴って訪れた銀一郎夫妻をワトスン氏は笑顔で迎えた。素早い対応にいたく感激している様子だった。

その屋敷は清が思っていたよりも立派な作りだった。建物も綺麗に手が行き届いており、何も変な感じは受けない。

「それでは早速扉の様子を見せていただきます」

同行した鍵職人の喜兵衛が頭を下げた。手持ちの道具で開けられるなら、そのまま作業に取り掛かる。手持ちの道具では手が及ばないようであれば、扉に加工を施す。それもできないようなら、日を改めて大工を手配するという方針だった。ワトスン氏と銀一郎は、喜兵衛を伴い屋敷の奥へ奥へと進んでいった。

だが、暫くして戻ってきた三人は、日を改めて作業を行うことになったと言った。どうやら思ったよりも大掛かりなことになっているらしい。

ワトスン邸からの帰りに、銀一郎はその部屋の扉が、他のものよりも明らかに頑丈なものだったと清に語った。そもそも鍵を一目見て、喜兵衛がすぐに首を振ったのだという。

あの開かずの間の中には、余程重要な宝物が納められているようだと夫は笑ったが、清の不安な気持ちは増すばかりだった。鬼が出るか蛇が出るか。どちらが出てもいい目ではあり得ない。

前回の訪問から三日経った。夫婦は数名の職人を伴い、再度ワトスン邸に出向いた。

結局、一旦その部屋の扉自体を外す手筈になったという。扉の材質的にも工芸的にも価値のあるものらしいということで、会社側が傷を付けることを嫌ったためである。扉を外して新たな錠前に交換して再度扉を付け直すと言うのだ。

職人の作業の前にワトスン夫妻と銀一郎夫妻の四人で、扉を確認した。

「この大きくて分厚い扉の向こうに、開けられない部屋があるというのが、大変気になっている」

扉を目にすると、ワトスン氏の言葉も、もっともに思えた。

食料倉庫として使われていたのか、普段使わない家財道具を押し込める物置として使われていたのかは、中を確認しなくては分からない。しかしこんな立派な扉を物置などに使うだろうか。


職人達は熱心に扉を外す作業を続けていたが、午前中を丸々使っても仕事は終わらなかった。結局午後も大分過ぎた頃に、喜兵衛が報告に来た。

「作業は滞りなく終わりました。一度御確認下さい。こちらが新しい鍵になります」

合い鍵は銀一郎にも渡された。この鍵は会社で管理することになる。

「部屋の中については、窓も塞がれて真っ暗でしたし、あたし達は何も見ておりませんので」

喜兵衛は何故か銀一郎にそう耳打ちすると、丁寧に頭を下げて帰っていった。

銀一郎夫妻はそのままお茶に誘われた。

スコーンに紅茶。夫人が手ずから焼いたものだという。

談笑していると、ワトスン氏は住み込みの使用人を呼び、奥の部屋の様子を確認してきてくれと鍵を手渡した。

皆、使用人はすぐに戻ってくると考えていたが、なかなか戻ってこなかった。

「ちょっと僕が見てきますよ」

銀一郎は合い鍵を見せた。

そのとき、勘が働いたのだろう。清は銀一郎を行かせてはいけないと感じた。

しかし、銀一郎が鍵を持っている以上、それを遮るのは不自然だ。

「それでは私も御一緒させていただきますね」

清も椅子から立ち上がり、二人で例の部屋を目指した。

応接室を出て、ホールを抜けて廊下を辿っていく。両手を広げたほどの幅で、廊下がまっすぐに延びている。台所の入り口を通り過ぎて一度折れ、住み込みの使用人の部屋を通り過ぎて、もう一度角を折れた。そのどん詰まりに衝立が置いてある。

手の届かない天井に近い辺に窓はあるが、廊下全体が薄暗い。用事がなければ人も近付かないだろう。だから今まで誰もそこにある扉を気に掛けなかったのだ。

衝立の向こうには、ぽっかりと口を開いたままになっている部屋への入り口があった。

「ここにはあなたは入らないほうがいいと思います。私が中を見てきますから、ここで待っていて下さい」

その言葉に何も根拠はない。しかし、銀一郎をこの部屋に入らせてはならない。その気持ちは揺るぎないものになっていた。

いつになく強い調子の妻の言葉に気圧されたように、銀一郎も頷いた。

入り口から暗い部屋を覗くと、十畳ほどの部屋の真ん中に使用人が倒れていた。

助けないと。

慌てて部屋に入ると足がすくんだ。周囲にぼうっと人の影が浮いている。

女だ。

暗さに目が慣れると、それは女性を描いた等身大の油絵だと分かった。服装もポーズも同じ。

それが何枚も立てかけられているのだ。

得体の知れない物という訳ではない。しかし、異様な光景だった。

入り口の扉以外の壁という壁に、窓すら塞ぐ形でぐるりと絵が掛けられている。

清は声を上げた。

「やはりこの部屋には、女以外入ってはなりません。男は決して入ってはいけません！」

何故そんなことを自分が言ったのか、清には分からなかった。

使用人を部屋から引きずって廊下に出す。声を掛けても彼の意識は戻らなかった。

「すぐにワトスンさんと奥さんを呼んで下さい」

清の言葉に銀一郎が走って二人を呼びに行った。三人が駆け付けると清は言った。

「部屋には何枚も絵があります。その絵を外に出しましょう。くれぐれも男は部屋に入らないように」

ワトスン氏は事情が分からないようだったが、倒れている使用人を見て、清の言葉に従ったほうがいいと思ったのだろう。住み込みの女中を呼び集め、夜まで掛かって絵を部屋から運び出した。

廊下に並んだ絵を確認すると、モデルとなっているのは同じ日本人女性で、洋風の長く伸ばした髪を背に垂らした白いドレス姿である。やはりどの絵も殆ど同じポーズで描かれていた。緻密な油彩画で、素人目にも一枚描くのには相当時間と手間が掛かっているのが分かる。並んだ絵を見比べると、モデルが少しずつ歳を取っているのが分かった。

それが三十枚。長期に亘る同一人物の成長の記録にも思えた。

「――この絵はどうする」

戸惑った様子のワトスン氏の発言に、銀一郎は自分の持っている倉庫に一旦収めると答えた。もし描かれているのが華族の囲い者だとしたら、会社のほうでも扱いあぐねる案件だろう。大きなスキャンダルである。

鬼が出たか。それとも蛇か。

あの不安な気持ちはこれのことだったのか――。

ワトスン氏によれば、部屋には一旦清掃を入れるが、特に使う予定がある訳ではないとのことだった。暫くは空き部屋にしておいて、必要なら物置にするという話だ。

翌日、銀一郎は運送屋を手配して、絵を一旦倉庫に収めた。

※

何が彼の琴線に触れたのかは分からないが、銀一郎は絵のモデルが誰かを知ろうと、方々を訪ね歩いた。

最初は、元々の屋敷の持ち主の関係者ではないかと推量し、まずは会社関係を当たった。あの屋敷の担当者は天野という男性である。しかし彼には生前その屋敷に住んでいた女性との直接の面識はなかった。そこで、次は物件の仲介をしてくれた人を紹介してもらった。絵も一枚抱えていき、直接その人に確認してもらった。

すると彼は絵を一目見るなり、前の住人とは別人であると断言した。

「いや、この絵の人とは全然違う。俺は直接お目見えしたこともあるけどさ、顔立ちも違うし服装も違う。その人はいつだって日本髪に和装でしたよ。あとこんなにはっきりした顔立ちじゃない」

「そうですか」

「あと、彼女は十年以上も前に二十六歳で肺を患って亡くなったと聞いているから、もしこの絵のモデルだったとしても、この絵の年齢までは生きていないはずだよ」

何だそれは。まるで怪談話じゃないか。それなら一体、この絵は誰が誰を描いたものなのだろう。

普段ならそこまで深入りをする質ではないのだが、銀一郎は粘り強く絵のモデルを探し続けた。当時のことを知っていそうな会社の上司達をはじめとして、海運関係者にも当たってみた。しかし成果は得られなかった。

ひと月ほど経ったある日、銀一郎はとある大きな海運会社の経営者と知り合った。

彼の跡取りの息子は早逝していたが、彼が生前暮らしていた家は例の屋敷のすぐ近くにあったという。

「あの大きな洋館は儂も覚えているよ。今はあんたんとこの会社が買ったんだろ。話には聞いている」

「ところでその屋敷に、絵描きが出入りしていた、みたいな話を御子息から耳にされたことはありませんか」

「残念ながら、倅はあまり近所の話とかはしなかったので分かりませんな。あとほら、あの家に住んでいたのは訳ありの方だったでしょう」

また振り出しか。

そう思ったところに、社長は意外なことを口にした。

「そうだ。当時の使用人同士なら、その家の人の事情を知っていたかもしれないな。絵描きが出入りしていたら、近所で噂くらいにはなっていたでしょう。倅のところで働いていた女中頭を紹介しますよ。あとはそちらに訊いたらいい」

女中頭の名前は梅といった。

銀一郎が訪ねていき、彼女に絵を見せるとさっと顔色が変わった。

「その絵を何処で見つけられましたか」

警戒した口調だった。

銀一郎が絵を手にした事情を説明すると、梅は覚悟を決めた顔をした。

「その絵は亡くなったぼっちゃまを描いたものに違いありません」

銀一郎は混乱した。描かれているのはまごうことなき女性である。しかし、モデルは男性だと言うのだ。

「絶対に口外はしないで下さいましよ」

念を押された。大きな会社の経営者一族の話だ。絶対に表沙汰にしてはいけない話なのだと理解した。

「誰にも言いません。僕はこの絵について知りたいだけなのです――」

梅の仕えていた男性は、既に十年ほど前に三十歳そこそこで肺病を患って亡くなっている。

生前の彼には女装癖があった。

それを洋館の女主人が何処で知ったのかは分からない。しかし、あるときから男性は洋館に度々出かけるようになった。噂が立ってはならないと心配した梅が男性に事情を訊くと、屋敷の女主人に頼まれて、絵のモデルをしているのだという返事だった。

女主人は、元々油絵を嗜んでいたという。

梅は男性の女装癖についても知っていた。男性が好んで身に着けた当時の女性用のドレスは、使用人の手助けがないと着付けすらできないからだ。

「僕が女性の服を着ている姿を描いてもらっているんだよ。あの人は僕がそういう格好をしていても、嗤ったりしなかった。美しいとまで言ってくれたんだ」

囲われ者と、口外できない性癖の持ち主、二人は意気投合した。

恋愛感情とは別だった。そもそも男性は女性に一切興味はなかったという。

結果、半年ほど掛かって、彼の女装した姿が一枚完成した。

「そのような経緯でございまして。この絵はぼっちゃまを描いたものに相違ありませんが、それを表に出すことは、くれぐれも、くれぐれも――」

「絵は一枚と仰いましたね」

「はい。一枚きりです」

梅は銀一郎の言葉に不思議そうな顔をした。

「実際にはこの絵とそっくりな絵が三十枚あるんです。御足労ですが、一度うちの倉庫に来て、確認していただけると有り難いのですが」

梅は絶句した。

「この絵の裏には、描かれた日付がありますね」

梅は倉庫に並んだ絵を次々に調べ始めた。そして最も新しい日付の絵を前に、彼女は考え込んでしまった。

「この日付ですと、絵を描いたはずの彼女は既に亡くなっていたはずです」

順番に並べていくと、半分に当たる十五枚目の時点では、既に亡くなっている計算になる。それが十五年前のことである。

梅によれば、モデルの男性もその二年後には亡くなっているという。つまり少なく見積もっても後半の十枚以上はあり得ない絵ということになる。

それではこの絵は誰が描いたのだろうか。誰かが真似して描いたのか。

銀一郎は美術学校に通う親戚にも絵を確認してもらった。筆致（タッチ）が同じことからも、かなりの確率で同一人物の描いたものだろうとのことだった。

※

この絵についてはもうここまでだ。もう自分の手には余る。

銀一郎にとっては絵を手元に置いておいても無価値である。しかし、会社の倉庫は使えない。何より絵自体が公表するにも問題がある代物だ。それならばワトスン氏の暮らす屋敷に戻し、元通りに開かずの間に収納して管理し続けたほうがいいだろう。

その話をワトスン氏に持ちかけると、住人としては確かに気持ちのいいものではないが、あの部屋には絵が収められているということは分かったし、事情も理解した。現状あの部屋を使う当てもない。だから絵を戻すのは良い案だと思うと賛同してくれた。

会社もその方向で話を進めてくれとのことだった。


帰宅した銀一郎からそのような話を聞かされた清は、それはいけないと銀一郎に異議を唱えた。狼狽（ろうばい）した彼女に、何故それがいけないのかと訊ね返しても、はっきりとした理由は言えないようだった。そこには理はなく、あくまでも感情的なものだ。

清自身も何故自分が嫌だと感じるのか、まるで理解ができなかった。とにかくあの部屋に戻すのはやめたほうがいい。戻すくらいなら、このままうちの倉庫に置いておけばいい。

困ったのは銀一郎である。そうは言っても絵の所有権は会社にあるのだし、一介の社員の判断で家に置いておいて良いものではない。清の言葉も聞いてあげたいのは山々だが、絵を本来の部屋に戻すという方針は変えられないのだと、清を説得した。

その夜から、清は屋敷が燃える夢を見始めた。

銀一郎が夜中に魘（うな）されている妻を起こすと、火事の夢だったという。

それは四日間続いた。

「お願いだからやめて下さい」

清は繰り返し頼んだが、夫は黙ったままだった。

それでしたら、せめて部屋に入るのは女だけにして下さい――。

工事の前日、清はぽつりと言った。

男が部屋に入ることで、大きな不幸が起きるような、そんな不穏な予感が拭えなかった。

「そのように手配するよ」

銀一郎は清の予感を信じると言った。

ワトスン氏にも連絡し、女の手だけで作業をすることを告げた。

「そもそも奥さんが最初からこだわっていたのだから、それは何かあるのかもしれない」

ワトスン氏はそう言って、承諾してくれた。

作業は一日で終わった。最後に扉の鍵を掛け、牧師を呼んでお祈りをしたという。

作業から三日後の明け方のことだった。ワトスン邸から知らせが来た。

とにかく今すぐ一緒に来て、銀一郎も見てくれないかとのことだった。

「奥さんがあれだけ言っていたのだから、君にも関係のあることだ。とにかく来てくれ」

清は慌ただしく出ていく夫を見送るときに、そういえば火事の夢を見なかったなと思った。

昼を回って帰宅した銀一郎は、押し黙ったままだった。夫の着ている服が、やけに焦げ臭かった。

「清」

「はい」

「火事の夢は、今朝は見なかったのかい」

「はい。今朝は見ませんでした」

銀一郎はそうかと答え、ふうと溜め息を吐いた。

「おまえは、あの部屋には男は入るべきではないと、ずっと言っていたじゃないか。それは何故だか教えてくれるかい」

夫の問いに、妻は首を巡らせた。

「最初は直感です。でも、今となっては女同士の秘密の詰まった部屋だったから、かしら。男にズカズカと入られるのは恥ずかしいだろうって——そう思います」

「恥ずかしいか」

「それは恥ずかしいですよ」

「そうか」

銀一郎はそう言うと、黙ったまま何か考えているようだった。

「実は、絵が全部燃えてしまったんだ。幸い屋敷には延焼はなくて、怪我人も出なかったんだが——」

開かずの間の内側だけが真っ黒に炭になっていたのだという。鍵が掛けられてから、誰も部屋に入っていない。

部屋の壁も煤は付いていたが焼けてはいなかった。消防もこれには首を捻った。

「あの絵だけが燃えて、この世からなくなってしまったんだ」

燃え残ったのは絵の枠の端っこくらいなものだったと銀一郎は言った。

「あれは絵が自分から消えようとしたのかもな」

「ええ。そうかもしれませんね」

「折角の乙女の秘密部屋。隠してあったのに、悪いことをしてしまった――」


不審火の後も銀一郎とワトスン氏の交流は続いた。

しかし一年ほど経ったある朝、会社から銀一郎の元に連絡が入った。ワトスン氏が脳溢血で亡くなったと言うのだ。詳しく話を聞くと、彼が倒れていたのは開かずの間の前だったと聞かされた。

深夜に寝室を抜け出した氏は、何も用事がないはずの部屋を訪れようとしたらしい。手には鍵を持ったまま、朝には冷たくなっていた。

特に事件性はないとのことで、警察もすぐに捜査を打ち切った。夫を亡くした夫人と子供はイギリスに帰っていった。最愛のパートナーを亡くしての二カ月の船旅を思うと、清は心が痛んだ。

銀一郎は会社から何も言われることはなかった。ただ、彼はそれから間もなく会社を辞め、清と二人で四国に戻った。

「本当に、必死に秘密にしていたのにね。興味本位で無作法にもその秘密を暴こうだなんて。だから絵に恨まれていたのかもしれませんね。かわいそうなことだけど、報いっていうのはあるものですよ」

清は和子さんにそう言うと、遠い遠い目をした。それが生前彼女と交わした最後の言葉であるという。

東京拘置所跡地

今から二十年近く前になるだろうか。麻里さんは仕事の関係で、サンシャイン60の近くにある教育施設によく通っていた。

宿泊先として用意されていたのはサンシャインプリンスホテルだったが、そこからその施設までの道のりで、色々なことに〈引っ掛かった〉という。

元々彼女はお化けの類は見えないが、それに類するものが聞こえるというタイプだという。それでも、その近辺では密度が尋常ではないらしい。例えばホテルに併設されている商業施設のレストランに入ると必ず声が聞こえるという。

「自分でも何処かがおかしくなったのでは、と思うほどに聞こえてました。一番に聞こえたのは複数の男性の話し声です。何かを話し合うというよりは、口論？　喧嘩している感じに近い雰囲気でした」

内容まではっきり分からない。「あのときに」とか「仕方がない」といった言葉が断片的に聞こえてくる。しかし、それ以上は認識できない。

「ただ最近の言葉遣いではないのは分かりました。かなり固い感じの喋り方だったので――やはりあの。ほら。場所柄っていうのもあるんでしょうかねぇ」

また、当時の造幣局があった側でも若い女性の声がいつも聞こえたという。

「仕事からの帰りに通ることが多かったんですが、こちらも何を言っているのかは分からないんですけど、突然大声になることが多くありました。だから夜に通るのは、本当は心臓に悪いんですよ。でも、他もあれですから――。あと、滞在中に一番嫌だったのは〈サンシャイン前〉交差点でした。地方から出てきているので、あそこでの事故などの状況は詳しくないんですが」

麻里さんは、実は思い出したくないんですけどね、と苦笑した後で説明してくれた。

「あそこで信号待ちをしていると、明らかに誰かに引っ張られるんです。見えない人が前に立って、両肩に手を掛けられてグッと前に倒そうとする感じ。それが必ずサンシャイン側の歩道に立っているときだけ」

これは麻里さんだけでなく、異なった時期に同じ職場に通っていた元同僚も、通るたびに同じ目に遭ったという。

グリーンカーテン

数年前、職場の部署がエコのためと称し、グリーンカーテンを育てることを奨励して希望者にゴーヤと朝顔の種を提供したことがあった。

妻も娘も植物を育てるのが大好きなので、これ幸いとゴーヤの種を貰い受け、リビングに面したベランダで育て始めた。

妻や娘が丹精込めたおかげか、順調に育ったゴーヤはベランダへの出入り口を四十センチ程残して、リビングの窓をすっかり覆う程にその葉を茂らせた。

――カシャ、カシャ。

ゴーヤが実を付け始めた頃、夜になるとベランダから音がするようになった。

苗を植えてからはベランダには何も置いていないし、洗濯物を干すのもやめたから音の発生源になるようなものはないはずだ。窓ガラスにゴーヤの葉や実が当たって擦れている訳でもない。

それほど大きな音でもないのだが、妙に耳について仕方なかった。次に音がしたら原因を確かめようと思った。

そうして四日目の夜のこと。

――カシャ、カシャ。

音がし始めたと同時に家族全員で、緑のカーテンを懐中電灯で照らした。窓ガラスに何が当たって音を立てているのか目を凝らす。

グリーンカーテンの葉の中から、指が三本伸びていた。紫色のマニキュアに彩られた爪先が窓ガラスを細かく弾くように動いている。

思わず不審者か、とベランダに飛び出し、カーテンの裏側を見たが誰もいない。いる訳がない。

手摺りから身を乗り出して唖然とする。そうだ、ここは十一階だった。

翌日、何の問題もなく育っていたはずのゴーヤの実は一気に落実してしまった。

それを機にグリーンカーテンも片付けてしまい、リビングのベランダには植物を置かないようにしている。

わんこと

その日は世間で言う夏休み最終日。秋冬の新作が入荷したので勤務時間の大半を軒下での作業に費やしていた。己が勤めるスポーツ用品店も前日まで一週間の夏休みだったせいなのか、恐ろしく忙しかった。

だからという訳ではないだろうが、一体何処で〈拾って〉きたものなのか〈置いて〉帰る客が多い。

子供連れの客にくっついてきたらしいそれはどれも十歳前後の子供の姿で、見えるものや気配だけのものも合わせて五体程か。

どうしたものかと思っていたところ、店の前を散歩中らしい大きな犬が飼い主さんとともに横切った。

大きな道路に面して駐車場を併設した店先は、専ら格好の散歩コースとなっているようで、よく犬を連れた人が通るのだ。

尻尾を振りながら歩いていく犬に誘われるように、子供は一体、また一体と後を付いていく。

そうして日が暮れる頃には全部いなくなった。

どうやら良い遊び相手を見つけたらしい。

待ち人来らず

冬山登山する友人から、祥子さんが教えてもらった話。

立山の某所には、ずっと誰かを待っている男性の幽霊がいるという。この男性は稀に見る見目麗しい容姿なのだと、友人は強く主張した。

ただ、額から上がない。

「残念にも程があるって、こういうことなのよねぇ」

祥子さんの前で深く深く溜め息を吐いた。

彼の姿を見るためだけに、何度も冬山に挑むのだから、きっと友人は幽霊に取り憑かれているのだ。

「それであなたの想い人は何処にいるのよ」

恋する乙女よろしく繰り返し溜め息を吐く友人に、問題はそこじゃないよねと思いながら祥子さんが訊ねた。すると、余程のベテランでなくては行けない所としか教えてくれなかった。

登山道ではない場所だということが理由である。

「それよりも、あんた教えたら絶対行くでしょ」

図星だ。

絶対遭難するから教えられないわよ。

友人の見立ては多分正解、なのだろう。

数日後、祥子さんの働くスポーツ用品店に、馴染みの山屋さんが来た。

話の流れで先日友人が語っていた話を披露することになった。

すると、彼は感心したようにへぇと声を上げた。

「俺が知っているのは大雪山だなぁ」

大雪山の某所では、右半分イケメン、左半分ミンチのナイスガイが、やはり誰かのことを、ずっと待ち続けているという。

不一致怪談

高槻さんの会社の取引先は北陸のとある街にあった。

そのため出張の機会も頻繁にあり、大抵は定宿にしている同じホテルを利用していた。普段なら予約せずに訪ねても部屋が取れる宿なのだが、この日は生憎満室だった。

仕方がないので、彼は同じ市内にある他のホテルに電話を入れた。そこは今まで利用したことのないホテルだったが、飛び込みでも特に問題なくチェックインできた。


仕事は万事順調だった。こちらには数日の滞在を予定していたが、初日は取引先の人々との打ち合わせを済ませ、軽く飲みながら夕食を共にした。

もう一軒どうですか、という誘いを「まだまだ明日もありますので」と軽くいなして、この日はホテルに引き揚げた。

翌日は午前の早い時間から客先での作業になる。ゆっくり休んで移動の疲れを取っておきたかったので、酒を抜くべく部屋でシャワーを浴びることにした。

シングルベッドと鏡台を兼ねたごく小さな机、それに備え付けのテレビと小さな冷蔵庫があるだけの狭い部屋だったが、数日を過ごす寝床としては十分だった。

温められた身体の火照りが残るうちに眠ってしまおう。

備え付けのテレビはボリュームを絞りつつオフタイマーをセットし、携帯のアラームを起床時刻に合わせて、彼は早々にベッドへ潜り込んだ。

さほど間を置かずに、意識がふわふわと霞み始める。

――と。

高槻さんの太腿に何かが触れた。

何とは知れないが、何か柔らかいものであった。

小さく細く柔らかい何かが、膝上から股の付け根を撫でている。

薄暗い室内に花の匂いが立ち込めていく。

甘い、しかしこの殺風景な部屋にはおよそ似つかわしくないそれは、濃厚な薔薇の香りであった。

彼は布団を捲って自分に触れる異物の正体を確かめようとしたが、それは叶わなかった。

身体はぴくりとも動かなかった。手も足も首も腰も、指先一つ自由にならない。

未だ煌々（こうこう）と輝くテレビの明かりが室内を淡く照らすが、そこには自分以外に誰もいない。

自分の下半身を執拗に撫でさするそれも、変わらない。

その執拗な動きに高槻さんは覚えがあった。

これは、指先なのではないか。

誰かが自分の下半身をまさぐっているのではないか。

思わず叫んだ。叫んだつもりだったが、喉からは怒号どころか唸り一つ出てこない。

その瞬間、〈掌〉は次なる行動に出た。

高槻さんの怒張した陰茎が強く握られた。

いつの間に勃起していたのか。そも、いつの間に下着が下ろされていたのか。

一体何が自分を襲っているのか。

皆目見当が付かない。だから、これは夢だと思った。

ただ、怒張した陰茎を握り締める手指の感触だけが妙に生々しかった。

夢であると自覚したら、自力で目を覚ますこともできるのではないか。

そう考えて強く目を瞑り、手足に力を込めた。

——が、動けない。動けないのに布団が右側に少しずつずれていくのが分かる。自分の身体の上を布が移動しているのだ。

一体何が起きているのか。今なら自分の下半身を襲う何かの正体が分かるのではないか。

カッと目を見開いた。

そこには人影があった。

薄いブルーのキャミソールを着けた少女がいた。少女はそれ以外何も着ていない。

欧米人の血が入っているらしい端正な顔立ちと、だらしなく肩紐の落ちた姿が蠱惑的でもある。その少女は高槻さんの上に跨がり、彼の陰茎を握り締めている。

ゆっくりと腰を落とし、今正に陰茎の上に腰を沈めようとしているところだった。

「やめろ！」

その瞬間、声が出た。

「やめろ！　消えろ！」

少女は一瞬驚いたように見えた。

しかし、彼の陰茎を手放す様子はなく、高槻さんを睨め付ける。

「やめろ。無理だ。やめろぉ！」

自分を犯そうとしている者が少女であることを明確に認識した途端、怒張していた陰茎はあっという間に萎えた。

「バカッ！　他の奴のところへ行け！　おまえなんか抱けない！　抱きたくない！　売女！　ビッチ！　くそったれ！」

思いつく限りの罵倒を重ねたが、さして多くもない罵倒の語彙は早々に尽きた。

挿入もままならなくなった柔らかい陰茎を未練がましく撫でさする少女に、勝ち誇ったように怒鳴りつける。

「俺は女なんか嫌いだ。抱きたくなんかないんだ。俺は抱かれるほうが好きなんだ！　だから女なんか抱いて堪るか！」

そう叫んだところまでは記憶に残っている。

携帯のアラームで目が覚めたときには、朝になっていた。

掛け布団はきちんと被っていたし、膝下まで下げられていた下着も戻されている。

あれは悪夢だったのだ。なるほど、これ以上ない悪夢だ。

混乱気味の頭を覚ますため、シャワーでも浴びよう——と立ち上がって、気付いた。

太腿から股間の周囲に至るまで、下半身にびっしりとキスマークが付けられていた。

「——翌日から別のホテルに移ったし、あの女に襲われることは二度となかったからいいんだけどね。ともあれ、俺は貞操を守ったんだよ」

キスマークが消えるまで二週間も掛かり、それまで恋人に逢うこともできなかったのだ、と彼はぼやく。

彼の性向と好みを知る同好の士は、言う。

「でも、それは出てきたのが少女だったからだろ？　もし、おまえ好みの〈年上の渋い男〉だったら、そんなに突っ張れたか？　簡単に浮気してたんじゃないのか？」

「……でも、俺はタチよりネコだし……やっぱり……その……」

これは襲う側と襲われる側の性向が一致しないという、大変不幸で恐ろしいお話である。

弔辞

本来あとがきとして読者諸氏に向けるべき紙数を、今はもうここにいない故人に向けることをお許し下さい。体験談怪異譚の提供者の中でも、彼女は一際特異な存在でした。我々はしばしば大ネタに恵まれた体験者さんを称えて金脈と呼ぶことがありますが、彼女は金脈や鉱脈というよりは汲んでも枯れない井戸のようでした。人の死は肉体の死と人々の記憶から消える死があると言います。物故から五年過ぎて未だ忘れ去られずにいる彼女は、僕らの記憶の中ではまだまだ存命のようです。故に、一区切りのつもりでこれまで彼女が残した体験談に基づく怪談群を一冊にまとめたのが、本書です。これほど多くの怪異と縁を結んできた彼女のことを我々とともに悼んでいただければと思います。

加藤 一

目次を見た時点で圧倒される。そんな本はあまりありません。読んでみると、面白いやら怖いやら。中にはなかなか聞けないシモの怪談まで。泣き笑いで読ませていただきました。

「怖くて、時々憂鬱になることもあるけど、それでも好きなんですよね」

貴女は、そんなことを仰っていましたね。体験者として、蒐集者として、きっと嫌なことも辛いことも沢山あったに違いありません。それでも、体験談を語るあなたは、怪異に対する慈愛とでもいうものに満ちていました。その視点を忘れる日はありません。ではまたそのうちお会いできる日まで。どうか我々怪談好きのことを見守っていて下さい。

神沼三平太

もうそんなに経ってしまったのですねぇ。元々私のほうが年上ではあったのだけれど、ますます歳が離れちゃったじゃないの。こういうことは年齢順にして下さいよ。

こんなことを言っても詮無きことなんだけれど、もっと色々な話が聞きたかった。怪談だけじゃなくて、あなたの話は本当に面白くて楽しくて魅力的だったから。

五年前のあの日には茫然とするばかりで涙の一つも出やしなかったのに、今頃涙腺を刺激するとか本当にもう。彼岸へ渡ってしまったのだと、今更に実感してしまったじゃないですか。

今度は私があなたに土産話を持って行けるよう精進します。だからその日まで、また。

ねこや堂

今回、掲載されたお話の数と内容から、改めてあなたの人脈の広さを思い知らされます。

あなたは怪を愛し、怪に愛された人だったのだと痛感します。

きっと今頃は天国で、『禊萩』の出版を喜んでくれているのでしょう。

でもそれは、あなたが全国の怪談ファンを喜ばせていることなんですよ。

気付いていますか？　あなたの生きた証が、一冊の本という形で残せたこと、そこに関われたことがとても嬉しい。

最後になりますが、読者の皆様にお願いです。この本を少しでも多くの方に広めてください。

それが、彼女の供養に繋がると思いますので……。

鈴堂雲雀

鈴の音

「あの人とはネット上での付き合いしかなかったんですよね」

森嶋君はＳＮＳで多くの人達と交流している。

ある日のこと。

その中の一人の女性の訃報を人伝に聞かされた。

彼女はＲという匿名アカウントを使用していた。

いつも自分のことより他人を気遣う人で、仲間達からの評判も良い女性だった。

「『亡くなったらしい』って話を突然聞かされても、すぐには受け入れられなくて……」

友人達も同じ気持ちだったのだろう。皆、何かの誤報である、と願っていた。


「心配しながら、新情報を待っていたときの話ですが……」

森嶋君には少々霊感がある。

眠りに就く前、Ｒさんのことを考えていた。

すると猛烈な背部痛に襲われ、心臓が苦しくなった。

「……そのとき、何となくそういうことなのかな、とは思っていました」

Ｒさんとはスカイプチャットの場で、色々な心霊体験の話をした。

彼女自身が結構な体験者であったためか、お互いに深いことまで話さなくとも分かり合えた貴重な関係であった。

「結構昔に、友人達が集まるチャットの場で『誰かが死んだら、その人は化けて出よう。霊感がない人にも分かるような形で出よう』なんて冗談も交わしたりしてました」

そのときはただの冗談であったが、森嶋君はもし万一にも訃報が事実であるなら霊でもいいから——と彼女との対面を待ち望んでいた。

十月十九日の深夜のこと。

森嶋君の寝室に通じるドアが、音もなくスーッと開いた。

ドアの向こうは闇に包まれていたが、人の気配だけはする。

と同時に、寝室に冷気が流れ込んできた。

それに反応したのか、眠っていた森嶋君の飼い犬が目を覚ました。

森嶋君と飼い犬は開かれた闇をじっと見つめる。

「Rさんなの？」

気配に向かって呼び掛けてみた。

すると、静かにドアが閉まり、寝室に人影が入ってきた。

「顔ははっきり見えなかったんですよね」

森嶋君の霊感はそこそこ強力で、大概の霊の姿ならくっきり見える。

が、その人影は輪郭の中にぼんやりとした黒さを纏い、衣服なども確認ができなかった。

「まあ、現実世界では一度も会ったことがないので、顔を見ることができたとしてもRさんという確証を持てる訳じゃないんですけどね」

ただ森嶋君はRさんだという前提で話し掛けていく。

「死んだから、挨拶に来たの？」

『……うん』

「うちに来たのが最初？」

『ううん、みんなの所を順番に回っていたの』

当初はチャットのときよりも大人しい印象を受けたが、会話を重ねていくにつれ、Rさんらしさが垣間見えてきた。

そして、森嶋君の家の後にも、多くの挨拶回りが残っていると彼女は言う。

「そういうところ、律儀じゃなくていいんだよ」

その呼び掛けに、彼女は大きく笑った。

以前、ネットラジオで聞いた、彼女の笑い声そのものであった。

それから程なくして、Rさんと実生活で交流のある人からの確定情報がもたらされた。

〈やはり亡くなっていた。病死だった〉――と。

その知らせが、一縷の望みを完全に奪った。

それから一カ月経った、十一月十九日の深夜。

また同じ人影が現れた。

Rさんが来てくれて嬉しかった半面、今度こそ最後の挨拶なのだとすぐに理解ができた。

彼女の亡くなった日から起算すると、もうじき四十九日になる。

前回とは違い、Rさんは押し黙ったまま何も話し掛けてこなかった。

本当にこれが最後なんだな。そう感じた森嶋君は自ら語りかけた。

「お疲れ様でした。後はゆっくりして下さい」

何の返答もない。

『チリーン』

――静寂(しじま)を揺らすように澄んだ鈴の音を一つだけ残し、彼女は姿を消した。

その翌日。森嶋君はこれまでのことと昨日の鈴の音について、チャットの場で報告した。
すると、メンバーの一人である怪談作家の荒岩さんが反応を示す。
荒岩「一回か……。一回の意味を知っているか?」
森嶋「一回の意味?」
荒岩「二回だと、もう来ませんという意味になるな。一回だと、また後で来ますという意味になる」
森嶋「へぇー、そうなんだ」
荒岩さんは仏具の鈴などの話を交え、鈴の意味を分かりやすく説明してくれた。

そう思えて、森嶋君は嬉しくなった。
——きっとまた会える。

十一月二十四日。
チャットの常連メンバーである堀北君が、Rさんの件について「遅ればせながら、お知らせありがとうございます」と書き込み、この日のチャットが始まった。
〈ホリ子〉の愛称で呼ばれる堀北君は、ライター業で昼夜問わず忙しいこともあって、他のメンバーとはなかなか時間が合わないのだが、この日は日付が変わった頃に現れた。
森嶋「最初のとき、うちに来る前にホリ子の家に行ってたみたいだったけどなぁ」
堀北「うーん、僕は感じない人間なんで何とも^^;　それとも、何かフラグでも折ってたかな（何のだｗ）」
森嶋「いや、行ってたのは間違いない。『ホリ子がホリ子だった』という感情が滅茶苦茶強かったからｗ　部屋を見て、話の通りと思い、『あー、ホリさんだなぁ』と後ろから見ていたそうです」
堀北「僕の真後ろは窓なんで、見易いっちゃ見やすいかもｗ」
森嶋「後ろに立ってたみたいですよｗ　という訳でお分かりだと思いますが、今、来てます」
堀北「そうなんすかｗ」

チャットのやりとりの最中、Rさんは森嶋君の前に現れた。
黒い人影だった彼女の闇は薄らぎ、その中から微かではあるがRさんの顔や姿が窺えるようになっていた。

森嶋「で、ちょいと実験を。ホリ子さん、後ろを見て下さい。感じますか?」
堀北「ほい」
森嶋「例えば、真正面に手を伸ばし、温度の違いとか分かります?」
堀北「あ、それを今言おうとしてました。一部だけ、ちょっと気温が低いとこがありますね」
森嶋「ホリ子、ちゃんと分かる人と認定されましたw」
堀北「手を出さないと分かんないですがw」
森嶋「Rさんが『試してみよう』と言い出したのでw　嬉しいみたいですね。分かってもらえるのが」
堀北「そうでしたか。僕もちょっと分かって嬉しいです」
森嶋「いつまでという期間は分かりませんが、当分の間は自由にしているそうです。ふっ、と気配を感じたら、見てあげると喜んでくれますよ。多分、存分に満足したら、次の段階に進むんでしょう。それまでは、いつでもウエルカムで迎えましょうw」
荒岩「以上、現場からの中継でした」

森嶋「しかし、一瞬で移動するんだな（しみじみ）。というか、Rさんだからできる実験じゃねぇかw　普通はそんなことしてくれないぞw」
荒岩「実験しちゃいかんだろ(^_^;」
森嶋「いや、本人からの申し出だからw」
堀北「こうでもしないと分からんニブチンということでw」
森嶋「『ホリさんの霊感はちゃんとありました』と言い残して、何処か行きましたw　というか、何か用事があったのかな？　話をしている、と感じたから来たのかな？」

実験という名目ではあるが、普段から零感を自称する堀北君へのプレゼントだったのかもしれない。と同時に〈気付いてほしい〉という想いと、〈忘れてほしくない〉という願いも込められていた。森嶋君には、そのように思えた。


十二月下旬。

この頃、森嶋君は仕事に忙殺されていた。

食事も満足に摂れず、睡眠時間は良くて二〜三時間の毎日。

疲れだけが蓄積されるが、それを言い訳にすると日々の業務がままならない。

気力を振り絞り、無理矢理に身体を動かしていた。

一方、Rさんは何度か森嶋君の元を訪れていた。ただ常に寝入りばなの訪問だったので、体力気力ともに限界が近かった森嶋君は、満足にそれを迎え入れることができなかった。

「ゆっくりしていってねー」

毎回それだけを伝えるのが精一杯で、ゆっくり話もできず意識を失っていた。

新しい年を迎えても、仕事の忙しさは変わらなかった。

そして森嶋君の身体はもはや悲鳴を上げていた。

自覚できる症状として、呂律（ろれつ）が回らない。

車を運転していても視界が斜めに歪むため、まっすぐに走ることが難しい。現時点で何処を走行しているのかすら分からなくなり、目的地を忘れることも多々あった。

「毎日、よく家まで辿り着けてたなぁ、とは思いますよ」

気は張っていた――つもりだった。それでも何処かで緩んでいたのだろう。

朝方、一時帰宅するときに、よく危ない目に遭っていた。

信号待ちをしながら居眠りし、走行中にすら一瞬だけ意識を失ったこともあった。

そのたび、Rさんの絶叫に近い声が聞こえた。

『――もりさんッ!!』

それに反応するように目が覚める。

不思議なもので、彼女の声が聞こえると家に辿り着くまでの間は意識が保てたという。

「縁石にタイヤを擦ったり、追突する直前にRさんの声で起こされたと思ったら、誰かに急ブレーキを掛けられて、そのおかげで助かったことが何度もありましたねぇ」

危機から救ってくれたとき、彼女は姿を現さなかった。

ただ、叫び声だけが森嶋君の頭でリフレインし続け、意識を明晰に保たせた。

それでもRさんは一度も怒らなかった。また、森嶋君の暮らしぶりについて説教することもなく、ただ黙って森嶋君を守っていてくれた。

「今はもう、あそこまでの無茶な働き方はしてませんよ」

Rさんに心配を掛ける。彼女に、この世に未練を作らせてしまうことが申し訳ない。

その気持ちが森嶋君の暮らしを変えた。

「彼女はね、ネットでも現実世界でも、大勢の人とコミュニケーションを取っていたんですよ。姉御肌だったから、他の人のことも心配したり守ったりしているんじゃないかな」

Rさんという人に覚えがある人は、気に留めておいてほしいと森嶋君は言う。

——澄んだ鈴の音が、彼女からのメッセージである、と。

本書の実話怪談記事は、竹書房怪談文庫既刊などから故人によって提供されたものを中心に、これまで未執筆だった書き下ろし新作を加えて構成されています。本書の作成に関わられた関係者各位の無事をお祈り申し上げるとともに、生前、快く体験談を提供して下さった故人の御冥福を重ねてお祈り申しあげます。

追悼奇譚 禊萩

2020年11月5日 初版第1刷発行

監修編著 加藤 一
共著 神沼三平太、ねこや堂、鈴堂雲雀

カバー 橋元浩明（sowhat.Inc）
発行人 後藤明信
発行所 株式会社 竹書房
〒102-0072 東京都千代田区飯田橋2-7-3
電話 03-3264-1576（代表）
電話 03-3234-6208（編集）
http://www.takeshobo.co.jp
印刷所 中央精版印刷株式会社

ISBN978-4-8019-2435-2 C0193

■特別リレーコラム「追悼奇譚 禊萩に寄せて」はこちらからご覧いただけます。

■追悼奇譚 禊萩 購入者特典「プロの技」はこちらからご覧いただけます。